Short Stories

German 2.1 Reader
Third Edition

by Gerhard Maroscher

Illustrations by Elizabeth Vest

For independent learners of German and teachers of German

The 3rd edition of the 2.1 Reader meshes seamlessly with the 1.1 Reader. This reader "remembers" and builds upon the vocabulary used in the 1.1 Reader. The 2.1 Reader is the third reader in the sequence of the following five readers: 1.0, 1.1, 2.1, 3.0, 3-4. The numbers designating the readers roughly follows the level of difficulty in high school German 1 through 4.

The original 28 short stories of the second edition remain. In this edition three supplemental stories were added. For the convenience of teachers of German whose students already have books, the numbering of original stories is not changed. Instead the additional stories are inserted where their target vocabulary fits. There is no central theme, nor are there central characters. Six stories are written in both present and conversational past.

At the beginning of each story a list of the target vocabulary for that story is provided. The target words and phrases for each story are used in the text of subsequent stories. The repetition of vocabulary enhances learning. In each story there are words and phrases in bold type that the students are not expected to know. For easy reference, the English meaning of the words and phrases in bold are found at the end of each story.

I taught the target vocabulary sequentially from story 1 to story 28. After the students learned each new set of target words and phrases, the students then read the corresponding story.

The target vocabulary closely mirrors the vocabulary of Blaine Ray's "What a Coincidence!" in *LOOK I CAN TALK MORE!* Teachers have the option of using the stories for supplemental reading, teaching the target vocabulary with subsequent reading as I did, or supporting *LOOK I CAN TALK MORE!*

All five readers, a teacher's manual for the 1.0 Reader, and downloadable audio for the 1.0 and 1.1 Readers are available for purchase from www.germanreaders.com

ISBN 13: 978-1-7337229-0-2

E-Mail the author and publisher: info@germanreaders.com
See website www.germanreaders.com for information and other materials from GERMANREADERS. LLC

Geschichte 1

Target words and phrases

reist nach = travels to
reisen nach = to travel to
bittet um = asks for
bitten um = to ask for
während des Fluges = during the flight
während = during, while

Der Junge will reisen

Ein Junge will nach Spanien reisen, aber es gibt ein Problem. Er hat kein Geld. Er bittet seine Eltern um Geld. Aber sie sagen nein. Die Eltern sagen: „Wir geben dir Geld, um nach Deercreek zu reisen, aber du darfst nicht nach Spanien reisen."

Er bittet seine Freunde um Geld. Aber sie haben kein Geld. Er bittet seinen Deutschlehrer, Herrn Müller, um Geld. Herr Müller sagt: „Ich gebe dir kein Geld, um nach Spanien zu reisen, aber ich reise nach Deutschland. Ich habe einen großen **Koffer** und du kannst in dem großen Koffer nach Deutschland reisen. Was du dann machst, **ist mir egal**."

Der Junge denkt: „Ich will nicht nach Deutschland reisen, und ich will nicht in einem Koffer reisen, aber wenn ich in Deutschland bin, kann ich nach Spanien reisen."

Eines Tages kommt Herr Müller mit dem Auto und der Junge steigt ein. Der Lehrer sagt: „Ich habe **einen großen, leeren Koffer.** Du kannst in den Koffer kriechen und du kannst **ohne Flugschein** fliegen." Der Junge bittet Herrn Müller um einen Flugschein, aber Herr Müller sagt: „Nein! Wenn du nach Deutschland reisen willst, dann kriech in den Koffer."

Der Junge kriecht in den Koffer. Es ist leider sehr dunkel im Koffer, aber der Junge hat eine **Taschenlampe** und er liest ein Buch während des Fluges. Während des Fluges ist es sehr kalt. Während des Fluges wird es dem Jungen langweilig und er macht den Koffer auf. Er geht herum und er findet einen freundlichen Hund in einer **Hundetransportbox**. Der Hund ist sehr freundlich und der Junge kriecht in die Hundetransportbox und schläft mit dem Hund. Er schläft während des ganzen Fluges.

Bei der **Gepäckausgabe** schlafen der Hund und der Junge **immer noch**. Eine reiche Frau findet ihren Hund und den Jungen. Sie sieht, dass der Hund den Jungen liebt. Sie denkt: „Es ist süß, dass der Junge bei dem Hund geschlafen hat.“ Sie sagt zu dem Jungen: „Ich will nach Spanien reisen. Willst du während meiner Reise ein Hunde-sitter sein? **Ich bezahle** dir 1.000 € pro Tag.“

Der Junge sagt: „Ja“ und die Frau gibt ihm 1.000 €. Der Junge ist glücklich.

English meaning of words in bold type

der Koffer = the suitcase

ist mir egal = I don't care

einen großen leeren Koffer = a big empty suitcase

ohne = without

der Flugschein = the airplane ticket

Another and easier word for „der Flugschein" is „das Flugticket." Both words mean "airplane ticket" in English.

die Taschenlampe = the flashlight

die Hundetransportbox = crate for transporting a dog

die Gepäckausgabe = the baggage claim area

immer noch = still

ich bezahle = I'll pay bezahlen = to pay

Beantworte die folgenden Fragen.

1. Wohin wollte der Junge reisen?
2. Worum hat er seine Eltern gebeten? (what ...for?)
3. Wie ist der Junge nach Deutschland gereist?
4. Wem gehörte der Koffer?
5. Mit wem hat der Junge geschlafen?
6. Warum wollte die reiche Frau dem Jungen 1.000 € pro Tag bezahlen?

Geschichte 2

Target words and phrases
ist nach…gereist = traveled to
hat um…gebeten = requested, asked for
ist…gewesen = was

Ein Junge ist nach Deutschland gereist

Markus wollte (wanted to) nach Deutschland reisen, aber ein **Flugschein** ist zu **teuer** gewesen. Er **hatte** nicht viel Geld. Ein Flugschein hat $800 gekostet. Der **Flugschein** ist zu teuer gewesen. Er hatte nur zweihundert Dollar.

Er hatte eine Idee. Er hat seinen Freund gebeten, ihn in einer **Kiste** nach Deutschland zu senden. Sein Freund **hat** Markus mit Federal Express nach Deutschland **gesendet**. Markus ist in einer großen Kiste nach Deutschland gereist. Eine Kiste nach Deutschland zu senden ist **billiger** als (than) einen Flugschein zu kaufen.

Der Junge ist in der Kiste nach Deutschland gereist. **Im selben Flugzeug** ist ein Hund in einer **Hundetransportbox** auch nach Deutschland gereist. Der Hund hat sehr laut geweint und der Junge konnte nicht schlafen. Endlich (finally) hat Markus seine Kiste mit einem Hammer aufgemacht und ist zum Hund gegangen. Markus hat die Hundetransportbox aufgemacht und **hat** den Hund in seine Kiste **gebracht**. Der Hund ist froh gewesen und hat Markus geleckt. Nun ist der Hund ruhig (quiet, calm) gewesen.

Das Flugzeug ist gelandet. Markus hat einige (a few) Stunden in der Kiste gewartet. Die Kiste ist in einem **Lagerhaus** gewesen. Eine Frau ist ins Lagerhaus gekommen. Die Frau hat geweint und hat ihren Hund gesucht. Sie hat die

leere Hundetransportbox gefunden. Sie hat: „Schatzi, Schatzi" gerufen.

Der Junge hat die Kiste mit seinem Hammer aufgemacht. Er hat Schatzi der Frau gegeben. Sie ist glücklich gewesen. Sie hat gesagt: „Du bist so ein netter Junge. Kann ich dir Geld geben?"

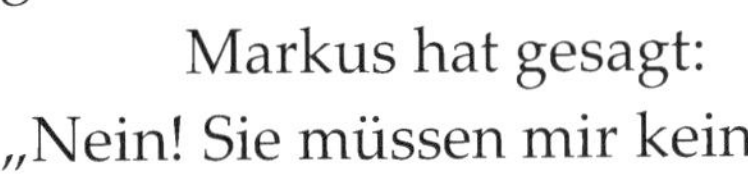

Markus hat gesagt: „Nein! Sie müssen mir kein Geld geben." Aber die Frau ist so dankbar (thankful) gewesen, weil sie ihren Hund wieder hatte, dass sie Markus 10.000 € gegeben hat. **Dann hat sie ihn eingeladen, mit ihr zu wohnen.**

Sie sind mit einer Limousine zu ihrem Haus gefahren. Das Haus ist wie ein **Palast** gewesen. Markus ist sehr beeindruckt (impressed) von ihrem Haus gewesen. Die Frau hat dem Jungen jeden Tag 100 € gegeben. Der Junge hat bei der Frau gewohnt und ist überall (all over, everywhere) in Deutschland herumgereist. Er musste die Frau um nichts bitten, denn sie hat ihm ja alles gegeben. Sie ist **immer noch** dankbar gewesen, dass der Junge nett zu ihrem Hund gewesen ist.

Der Junge hat viele teure Klamotten gekauft und hat in teuren Restaurants gegessen. Manchmal (sometimes) haben Bettler (beggars) den Jungen um Geld gebeten. Der Junge hat den Bettlern immer zwanzig Euro gegeben. Der Junge ist nett gewesen, weil er den Bettlern Geld gegeben hat.

Endlich (finally) musste der Junge nach Amerika zurück reisen. Die Frau hat den Jungen umarmt und er hat gesagt: „Danke für alles. Deutschland ist toll gewesen." Sie hat ihn auf die Wange (or Backe) geküsst und hat gesagt: „Bitte, komm nächsten Sommer zurück. Ich bin dankbar, dass du nett zu Schatzi gewesen bist. Ich liebe dich wie einen Sohn."

Markus ist jeden Sommer nach Deutschland zurück gereist und hat bei der Frau gewohnt.

English meaning of words in bold type

der Flugschein = the airplane ticket

Another and easier word for „der Flugschein" is „das Flugticket." Both words mean "airplane ticket" in English.

teuer = expensive

hatte = had

die Kiste = the crate

hat… gesendet = sent/mailed/shipped

billiger = cheaper, less expensive

im selben Flugzeug = in the same airplane

die Hundetransportbox = crate for transporting a dog

hat…gebracht = brought

das Lagerhaus = the warehouse

leer = empty

Dann hat sie ihn eingeladen, mit ihr zu wohnen. = Then she invited him to live with her.

der Palast = the palace

immer noch = still

Beantworte die folgenden Fragen.

1. Wohin wollte der Junge reisen?
2. Wie ist der Junge gereist?
3. Wie viel Geld hat die Frau dem Jungen gegeben?
4. Was hat der Junge jeden Sommer gemacht?

Geschichte 3

Target words and phrases

hat…angeboten = offered

ich biete an = I am offering   anbieten = to offer

noch = still

Der Talentsucher

Ein Junge ist mit seiner Freundin Karaoke singen gegangen. Der Junge hieß Hans und das Mädchen hieß Trude. Beide haben gut gesungen. Beim (bei dem) Karaokerestaurant war ein **Talentsucher** aus Hollywood. Der Talentsucher **hat** beide singen **gehört**. Er hat gedacht, dass der Junge ein Star **sein könnte**. Er hat dem Jungen 1.000 € angeboten, um ihn nach Hollywood mitzunehmen. Hans hat gedacht: „Das ist viel Geld." Aber Trude **hat ihn beneidet**, weil der Talentsucher ihr kein Geld **angeboten hat.**

Hans hat zu dem Talentsucher „Nein Danke" gesagt. Der Talentsucher hat gedacht, dass Hans mehr Geld **haben wollte**. Also hat er Hans 10.000 € angeboten. Aber Hans hat wieder „Nein" gesagt.

Der Talentsucher hat dann gesagt: „Ich biete Ihnen 100.000 € an, um für mich zu singen."

Der Junge hat wieder „Nein" gesagt, weil seine Freundin ihn beneidet hat.

Der Talentsucher hat dann zu Trude gesagt: „Ich biete Ihnen 10.000 € an, um für mich zu singen."

Trude hat **gleich** gesagt: „Für 10.000 € singe ich nicht für Sie. Aber wenn Sie mir 100.000 € anbieten, singe ich für sie."

Der Talentsucher hat gesagt: „Ich biete Ihnen 50.000 € an."

Das Mädchen hat gleich gesagt: „Gut. Ich werde für Sie singen."

Hans **wusste** jetzt, dass er ein **Trottel** war. Er hat gedacht: „Warum soll ich nicht ein Star werden?" Er hat zu dem Talentsucher schnell gesagt: „**Ich habe meine Meinung geändert.** Wenn Sie mir wieder 100.000 € anbieten, singe ich für Sie."

Der Talentsucher hat gesagt: „Gut! **Das tue ich**. Ich biete Ihnen wieder 100.000 € an."

Der Junge hat gesagt: „Gut! Ich singe für Sie."

Der Talentsucher hat dann mit Trude gesprochen. Er hat zu ihr gesagt: „Es tut mir Leid, aber ich will nicht mehr, dass Sie für mich singen. Der Junge hat viel mehr Talent als Sie." Trude war böse auf den Talentsucher und hat Hans beneidet. Sie ist aus dem Restaurant gerannt und ist zurück nach Hause gefahren. Aber Hans ist ihr nicht nachgerannt. Er ist im Restaurant geblieben und war noch bis Mitternacht im Restaurant. Er hat viel gesungen und hatte viel Spaß.

English meaning of words in bold type

der Talentsucher = the talent scout
hat…gehört = heard
sein könnte = could be
hat ihn beneidet = was envious of him
angeboten hat = offered
anbieten = to offer

bietet an = offers

haben wollte = wanted to have
gleich = right away, immediately
wusste = knew
der Trottel = the fool
Ich habe meine Meinung geändert. = I changed my mind.
Das tue ich. = I'll do that. tun = to do

Note: "beneiden" = "to envy. " The conversational past is "hat ihn beneidet" = "was envious of him." But "beneiden" means to be envious/jealous of material things, whereas "eifersüchtig auf" refers to being jealous of in a sense of fear of losing someone's love.

Geschichte 4

Target words and phrases
lernt…kennen = gets to know/meets
kennen lernen = to get to know
großzügig = generous
schließlich = finally/eventually
endlich = finally

Der Politiker

Ein Mann ist **Politiker**. Er lernt viele Leute kennen. Jeden Tag **trifft** er neue Leute und lernt sie kennen. Er bittet sie um ihre **Stimme**. Weil er so viele Leute kennen lernt, gewinnt er schließlich den **Wahlkampf**. Er sagte zu den Leuten, dass er nach dem **Wahlkampf** großzügig **sein wird**.

Aber er ist nicht großzügig. Er will immer Bestechungsgelder (bribes) bekommen. Obwohl er viele Leute **kennen gelernt hat**, sind viele Leute böse auf ihn. Sie sagen: „Er ist nicht großzügig zu uns. Er ist großzügig zu sich selber.“

Schließlich gibt es den nächsten **Wahlkampf**. Er lernt wieder viele Leute kennen, aber viele Leute, **die ihn kennen**, sind böse auf ihn. Schließlich verliert (loses) er den Wahlkampf.

Er wundert sich: „Was habe ich falsch gemacht?“ Zwei Jahre später gibt es den dritten **Wahlkampf**. Während dieses Wahlkampfs ist er sehr großzügig. Er ist großzügig, weil er Leuten Geld gibt, um für ihn zu wählen (vote). Er **bietet** ihnen $10 **an**, wenn sie ihn wählen. Aber das ist illegal. Man darf nicht großzügig sein und die Wahl (election) kaufen. Schließlich besucht ihn das FBI.

Der FBI-Agent sagt: „Es ist gut, großzügig zu sein, aber man darf nicht großzügig sein, wie Sie großzügig waren."

Der Mann wird verurteilt (convicted) und schließlich muss er ins Gefängnis (prison). Die FBI-Agenten sagen zu ihm: „Sie werden viele neue Leute kennen lernen, während Sie im Gefängnis sind, aber die Leute im Gefängnis sind nicht großzügig."

English meaning of words in bold type

der Politiker = the politician
trifft = meets
die Stimme = vote; "die Stimme" also means "the voice."
der Wahlkampf = election campaign
sein wird = will be
kennen gelernt hat = got to know
die ihn kennen = who know him
bietet...an = offers

Beantworte die folgenden Fragen.

1. Warum lernt der Mann viele Leute vor dem ersten Wahlkampf (election campaign) kennen?
2. In wie vielen Wahlkämpfen (election campaigns) lernt er Leute kennen?
3. Gewinnt er schließlich Wahlkämpfe?
4. Wie gewinnt er den ersten Wahlkampf?
5. Wie ist er großzügig im dritten Wahlkampf?
6. Sagt das FBI zu dem Mann, dass es gut ist, großzügig zu sein?
7. Wer sagt ihm, dass er viele neue Leute im Gefängnis (prison) kennen lernen wird?
8. Sind die Leute im Gefängnis großzügig?

Geschichte 5

Target words and phrases

reist nach = travels to
während = during
während des Fluges = during the flight
bittet…um = asks for
bietet…an = offers — anbieten = to offer
endlich = finally

Der reiche Mann und die Pilotin

Ein Deutscher reist nach Amerika. Während des Fluges geht er zur Toilette. Seine **Brieftasche** fällt in die Toilette. Er kommt in Atlanta an, aber er hat kein Geld. Er hat eine Idee. Im **Flughafen** bittet er Leute um Geld. Er sieht einen Mann und bittet ihn um Geld. Der Mann gibt ihm kein Geld. Der Mann sieht ihn komisch an und geht weg. Er sieht eine Frau und bittet sie um Geld. Die Frau gibt ihm kein Geld. Endlich bittet er eine **Pilotin** um Geld. Er erzählt ihr, dass sein Geld in die Toilette gefallen ist. Sie lächelt und denkt: „Dieser Mann sieht nett aus. Ich gebe ihm Geld.“ Sie gibt ihm $20 Dollar.

Er sagt: „Gut. Jetzt kann ich mit einem Taxi zum **Marriott** fahren.“

Sie sagt: „Ich fahre auch zum Marriott.“ Sie bietet ihm an, mit ihr zum Marriott Inn zu fahren. Sie **bezahlt** den Taxifahrer.

Sie kommen beim Marriott an. Weil er **wenig** Geld hat, bietet sie ihm an, sein Zimmer zu bezahlen. Dann fragt sie ihn: „Haben Sie Hunger?“

Er sagt: „Ja. Ich habe Hunger." Sie **lädt ihn zum Abendessen ein**. Sie bietet ihm an, das Essen zu bezahlen. Sie essen zusammen.

In drei Tagen hat der Mann neue Kreditkarten, einen neuen **Pass** und Geld. Er geht aus dem Hotel und ein Bettler (beggar) bittet ihn um Geld. Der Mann gibt dem Bettler $100. Er nimmt ein Taxi zum Flughafen. Der Mann reist nach San Francisco. Er steigt in das Flugzeug ein. Er sieht die Pilotin im Flugzeug. Sie fliegen nach San Francisco. Sie landen in San Francisco. Er wartet auf sie. Er bietet ihr an, mit ihm zum Abendessen zu gehen. Sie lächelt und sagt: „Ja, das **würde** mir Spaß machen."

Sie kommen beim Hotel an und nehmen ein Taxi zu einem tollen, teuren Restaurant. Der Mann ist sehr reich. Nach dem Essen gehen sie die Straße entlang. Sie sehen eine Ben & Jerry's **Eisdiele**. Die Pilotin sagt: „Ich möchte heute Abend auch etwas Billiges essen. Ich mag Schokoladeneis."

Er sagt: „Ich kann Ihnen etwas Teures oder Billiges kaufen. Was immer Sie wollen."

Nach einer Woche in San Francisco reist er zurück nach Deutschland. Jedes Mal, wenn er nach Amerika reist, **trifft** er die Pilotin zum Abendessen. Nach dem Abendessen kauft er ihr immer ein billiges Eis.

English meaning of words in bold type

die Brieftasche = the wallet
der Flughafen = the airport
die Pilotin = the (female) pilot
Marriott = name of a world-wide hotel chain.
bezahlt = pays bezahlen = to pay
wenig = a little bit
lädt ihn zum Abendessen ein = invites him to dinner
einladen = to invite
der Pass = the passport
würde = would
die Eisdiele = ice-cream parlor
trifft = meets treffen = to meet

Beantworte die folgenden Fragen.

1. Wo hat der reiche Mann sein Geld verloren (lost)?
2. Hat er nur eine Person um Geld gebeten?
3. Wer hat das Taxi zum **Marriott** bezahlt?
4. Nach dem Abendessen will die Pilotin noch etwas essen. Was will sie essen?

Geschichte 6

Target Words and phrases

während = while, during
schließlich = finally
bittet um = asks for
bietet…an = offers — anbieten = to offer
lernt…kennen = gets to know — kennen lernen = to get to know

Das Kidnapping

Ein Junge steht auf. Er **duscht sich**. Er zieht sich an. Er isst kein Frühstück. Er trinkt nur einen Orangensaft und geht Joggen. Es ist ein schöner Tag. Die Sonne scheint und es ist warm. Der Junge denkt: „Heute **wird** ein guter Tag **sein**." Plötzlich kommt eine große, schwarze Limousine und hält vor dem Jungen. Zwei Männer in schwarzen Anzügen (suits) springen aus dem Auto und kidnappen den Jungen. Die Männer glauben, dass der Junge **ein Außerirdischer** ist. Alle reisen nach NY zu dem Männer-in-Schwarz-**Büro** (MIB).

Sie ziehen den Jungen **fast** ganz aus und werfen ihn in eine **Zelle**. Die Männer sagen: „Bald werden wir dich **verhören**."

Er sitzt in der kalten Zelle und **trägt** nur seine Unterhosen und ein T-Shirt. Während er in der Zelle auf dem Fuβboden sitzt, kommt eine Frau vorbei. Er bittet sie um Essen. Sie sagt: „Ich bringe dir Essen." Schlieβlich kommt das Essen, aber er bekommt **Schlangenaugen** zu essen, weil die Männer-in-Schwarz glauben, dass er ein **Reptil-Außerirdischer** ist.

Der Junge bittet um anderes Essen. Er sagt zu der Frau: „Ich bin ein Junge. Ich bin kein Reptil-Außerirdischer."

Sie antwortet: „Ich glaube dir nicht." Der Junge fällt auf die Knie und bittet sie um ein Thermometer. Sie bringt ein Thermometer. Der Junge steckt das Thermometer in seinen Mund. Er nimmt das Thermometer aus seinem Mund und zeigt der Frau das Thermometer. Weil er eine normale Körpertemperatur (body temperature) hat, glaubt die Frau, dass er ein Junge ist. Er bittet um seine Kleider. Sie gibt ihm seine Kleider zurück.

Der Junge zieht sich an. Sie geht dann in die Zelle und lernt ihn kennen. Der Junge lernt sie auch kennen. Der Junge gibt ihr die Hand und sagt: „Meine Hand ist warm. Ich bin kein Reptil-Außerirdischer."

Sie schaut ihn an, umarmt ihn und küsst ihn auf die Wange. Sie sagt: „Es tut mir Leid."

Plötzlich kommen zwei Männer-in-Schwarz in die Zelle. Sie schreien: „Sie ist auch eine Außerirdische!"

Sie sagt zu ihnen: „Bitte steckt das Thermometer in den Mund des Jungen und ihr werdet sehen, dass er kein Reptil-Außerirdischer ist." Sie stecken das Thermometer in den Mund des Jungen. Seine Temperatur ist normal. Die zwei Männer bieten dem Jungen $5.000 **Entschädigungsgeld** an.

Der Junge antwortet: „Nein, ich nehme das Geld nicht. Sie sind nicht groβzügig genug. Ich werde Sie verklagen (I will sue you). **Wahrscheinlich** werde ich $100.000.000 bekommen."

Plötzlich **setzen** die zwei Männer und die Frau schwarze **Sonnenbrillen auf**. Einer von den Männern hebt eine kleine **Taschenlampe** und macht das Licht an. Der Junge hat keine Sonnenbrille. Der Junge **vergisst** alles. Sie fahren den Jungen zurück zu seinem Haus. Der Junge joggt wieder und denkt: „Heute wird ein guter Tag sein."

English meaning of words in bold type

duscht sich = showers   sich duschen = to take a shower
wird…sein = will be
ein Außerirdischer = a space alien (der Außerirdische = space alien)
das Büro = the office
fast = almost
die Zelle = the cell (in a prison)
verhören = to interrogate
trägt = is wearing (here)   tragen = to wear (here)
die Schlangenaugen = snake eyes
Reptil-Außerirdischer = reptile space alien
das Entschädigungsgeld = compensation money
wahrscheinlich = probably
setzen Sonnenbrillen auf = put sunglasses on
    die Sonnenbrille = the sunglasses
die Taschenlampe = the flashlight
vergisst = forgets   vergessen = to forget

Beantwortet die folgenden Fragen.

1. Was trinkt der Junge, bevor er joggen geht?
2. Wohin fahren die Männer-in-Schwarz den Jungen?
3. Wo sitzt der Junge im Männer-in-Schwarz-Büro?
4. Wie viel Geld bieten die zwei Männer dem Jungen an?
5. **Worum** hat der Junge die Frau gebeten? (What…for?)
6. Wie viel Geld bekommt der Junge am Ende?

Geschichte 7

Target words and phrases

in Urlaub gehen/fahren/machen = go on vacation

lädt…ein = invites — einladen = to invite

zum Abendessen = to dinner

hat…bezahlt = paid — bezahlen = to pay

Der Gauner

Ein Mann **wollte** in Urlaub gehen. Aber er hatte kein Geld. Er hat gedacht: „Ich werde jemanden mit Geld einladen, um mit mir in Urlaub zu gehen." Aber es gab ein Problem. Er **hat niemanden gekannt, der Geld hatte**. Er hat im Internet gesucht und hat eine neue Freundin, die reich und **einsam** war, gefunden.

Schließlich **haben** sie sich **getroffen**. Der Mann mochte sie nicht, aber sie hatte Geld, also war er sehr nett zu ihr. Er hat zu ihr gesagt, dass er viel Geld hat und sie hat ihm geglaubt, aber sie hat zu ihm gesagt: „Ich liebe dich, auch wenn du kein Geld hast."

Eines Tages hat er zu ihr gesagt: „Willst du in Urlaub gehen?"

Sie hat gesagt: „Oh, ja. Wohin willst du in Urlaub gehen?"

Er hat gesagt: „Ich will nach Bali reisen. Es gibt einen schönen **Strand** in Bali. Aber ich lade dich in den Urlaub ein, wo immer du hinfahren willst."

„Oh das ist toll", hat sie gesagt. Er hat ihr angeboten: „Ich **bezahle** die **Flugscheine** und den Urlaub."

Sie war **überrascht** und hat gesagt: „Du bist nicht nur nett, du bist auch großzügig."

Im nächsten Monat sind sie zum **Flughafen** gefahren. Aber als er die Flugscheine kaufen sollte, hat er gesagt: "Ich kann meine Kreditkarten und mein Geld nicht finden." Er hatte nur seinen **Pass**. Er ist errötet und hat sie gefragt: „Was können wir tun?"

Sie hat gesagt: „Ich biete dir an, den Flugschein und den Urlaub zu bezahlen."

Er hat gelächelt und hat gesagt: „Du bist so nett und großzügig."

Sie sind erster Klasse nach Bali geflogen. Sie sind angekommen und sie hat das Hotel bezahlt. Dann hat sie ihn zum Abendessen eingeladen und sie hat bezahlt. Sie hat ihn jeden Tag zum Abendessen eingeladen und hat jeden Tag bezahlt. Sie hat ihm auch ihre Kreditkarten gegeben. Der Mann hat gedacht: „Ich bin sehr **klug**. Ich bin **kostenlos** in Urlaub gefahren und sie lädt mich immer ein und bezahlt alles."

Aber schließlich hat er einen Fehler gemacht. Er hat einen Freund angerufen. Er hat mit seinem Freund gesprochen. Er hat über sie gelacht und hat gesagt: „Die blöde Kuh lädt mich immer ein und bezahlt alles. So lange ich sie manchmal küsse, ist sie großzügig und glücklich."

Aber die Frau **hat zugehört**. Sie wurde sehr böse auf ihn. Sie wurde wütend (furious).

In der Nacht ist sie aufgestanden und hat

seinen Pass und den Flugschein (oder „das Flugticket“) in die Toilette geworfen und ist ohne ihn zum Flughafen gefahren.

Während des Fluges nach Hause hat sie gelächelt und hat gedacht: „Wie wird der **Gauner** ohne Geld, Kreditkarten und Pass wieder nach Hause kommen können?“

English meaning of words in bold type

der Gauner = chiseler, trickster, crook, rogue
wollte = wanted to — wollen = to want
hat niemanden gekannt, der Geld hatte = didn't know anyone, who had money
(The 'der' in this context = "who" or "that.")
einsam = lonely
haben...getroffen = met
der Strand = the beach
bezahle = pay (for) — bezahlen = to pay
die Flugscheine = the airplane tickets
überrascht = surprised — überraschen = to surprise
der Flughafen = airport
der Pass = the passport
klug = wise, clever
kostenlos = free
hat...zugehört = listened — zuhören = to listen to

Beantworte die folgenden Fragen.

1. Wer hat den Flugschein bezahlt?
2. Wer hat das Hotel bezahlt?
3. Wer hat das Abendessen bezahlt?
4. Was war der Fehler des Mannes?
5. Was hat die Frau mit dem Flugschein, den Kreditkarten und dem Pass gemacht?

Geschichte 8

Target Words and Phrases

verabschiedet sich = says goodbye — sich verabschieden = to say goodbye

hat sich verabschiedet = said goodbye

der Ober* = the waiter

ich bezahle = I'll pay

die Rechnung = the bill

sie bezahlt = she's paying — bezahlen = to pay

Sie wird sich nicht verabschieden

Zwei Frauen sind im Urlaub in Deutschland. Eines Tages **haben** sie **Lust**, in ein elegantes Restaurant zum Abendessen zu gehen. Sie reisen mit einer Reisegruppe von Frauen. Sie verabschieden sich von den anderen Frauen und fahren mit dem Zug zur Altstadt.

Während der Fahrt lernen sie eine nette alte Frau kennen. Die alte Frau erzählt ihnen von einem eleganten Restaurant in der Altstadt. Sie bietet an, ihnen das Restaurant zu zeigen. Sie reden lange im Zug. Schließlich kommt der Zug am Bahnhof an und sie steigen aus. Sie gehen zu Fuß vom Bahnhof zum Restaurant.

Als sie beim Restaurant ankommen, verabschiedet sich die alte Frau mit einem Wangenkuss. Eine von den zwei Frauen sagt zu der alten Frau: „Kann ich Sie zum Abendessen einladen? Ich bezahle die Rechnung."

Die alte Frau sagt: „Aber Sie haben mich **gerade** kennen gelernt. Das sollten Sie nicht anbieten." Schließlich sagt die alte Frau: „OK. Ich esse gerne Abendessen mit Ihnen."

Als sie sich an den Tisch setzen, kommt der Ober. Der Ober ist ein alter Mann. Der Ober schaut die alte Frau an. Er kann es **kaum** glauben. Sie war seine Freundin, als sie jung waren. Er liebte sie, aber sie wollte ihn nicht **heiraten** und hat sich vor 40 Jahren von ihm verabschiedet. Er fragt die alte Frau: „**Trude**. Weißt du, wer ich bin? Ich bin Hans." Die alte Trude schaut ihn an und **erkennt** ihn. Sie steht auf und sie umarmen sich. Beide haben **Tränen** in den Augen.

Der **Besitzer** des Restaurants sieht, wie sich die zwei alten Menschen umarmen und weinen und fragt: „Was ist los?" Die beiden erzählen ihm die Geschichte. Der Besitzer sagt: „Hans, bitte setz dich! Ich bin jetzt der Ober und du und deine Freundin und ihre Freunde, ihr seid alle meine Gäste. Ich bezahle die Rechnung. Ich lade euch alle zum Abendessen ein. **Was darf es sein?**"

Sie haben ein wunderbares Essen und einen wunderbaren Abend. Schließlich ist es sehr spät und die zwei Freundinnen verabschieden sich vom (von dem) Besitzer. Sie verabschieden sich vom Ober und sie verabschieden sich von der alten Frau. Die alte Frau sagt zu ihnen: „Ihr seid zwei **Engel.** Wenn ihr mich nicht eingeladen hättet, hätte ich Hans nie wieder gesehen." Dann dreht sich die alte Frau um und sieht Hans an. Sie sagt: „Ich habe mich einmal von dir verabschiedet. Ich verabschiede mich nie mehr."

English meaning of words in bold type

haben…Lust = want/feel like

gerade = just

kaum = hardly, barely
heiraten = to marry
Trude = a woman's name
erkennt = recognizes — erkennen = to recognize
Tränen = tears — die Träne = the tear
der Besitzer = the owner
Was darf es sein? = What will it be? What would you like?
This is what a waiter or waitress says when taking your order.
der Engel = the angel — die Engel = the angels

Beantworte die folgenden Fragen.

1. Wo sind die zwei Frauen im Urlaub?
2. Wer zeigt den zwei Frauen, wo das Restaurant ist?
3. Wie heißt die alte Frau?
4. Verabschiedet sich die alte Frau wieder von dem alten Mann?

* Note: „der Ober" is a bit old fashioned but still used in Austria and/or high end restaurants.

Other words for waiter are

der Kellner/die Kellnerin = waiter/waitress
die Bedienung = waiter/waitress

Geschichte 9-1

Target words and phrases

in Urlaub fahren = to go on vacation
verabschiedet sich = says goodbye (singular)
verabschieden sich = say goodbye (plural)
Sie laden…zum Abendessen ein. = They invite…to dinner.
hat Lust = feels like, wants
schaut…hinein = looks into (something)
hineinschauen = to look into something
rettet = saves
retten = to save
ertrinkt nicht = does not drown ertrinken = to drown
Der Ober bringt die Rechnung. = The waiter brings the bill.
Er bezahlt die Rechnung. = He pays the bill.

Sie ertrinkt nicht

(Present tense – same story follows in conversational past)

Ein Mann und seine Frau fahren in Urlaub nach Deutschland. Sie fahren mit den Eltern der Frau zum Flughafen. Sie kommen beim (bei dem) Flughafen an und sie verabschieden sich. Die Frau verabschiedet sich mit einem Kuss und der Mann verabschiedet sich mit einem **Händedruck.** Sie landen in Wien. In Wien laden sie eine Freundin zum Abendessen ein. Die Frau ist eine **Tierfreundin**. Die Frau hat Lust, in einem **Mövenpick** zu essen. Sie haben alle Lust, Suppe zu essen. Sie **bestellen** alle Suppe.

Der Ober bringt die Suppe. Alle essen die Suppe. Die Suppe ist **lecker**. Aber es gibt ein Problem. In der Suppe des Mannes ist eine Fliege. Die Fliege schwimmt in der Suppe. Die

Fliege ertrinkt **fast**. Der Mann sieht die Fliege nicht und fast isst er sie. Aber die Tierfreundin schreit: „Iss nicht die Fliege!"

Der Mann sieht die Fliege und ruft den Ober. Der Ober ist in der Küche und schaut in das Restaurant hinein. Er kommt **sofort**. Er schaut in die Suppe hinein und sieht die Fliege. Die Fliege kann nicht gut schwimmen. Die Fliege ertrinkt fast. Der Ober sagt: „Es tut mir Leid. Ich werfe die Suppe mit der Fliege weg."

Die Tierfreundin sagt aber: „Bitte töten Sie nicht die Fliege. Bitte retten Sie die Fliege."

Der Ober sagt: „OK, ich rette die Fliege." Also rettet der Ober die Fliege. Er nimmt die Fliege aus der Suppe und gibt sie der Tierfreundin. Die Fliege ertrinkt nicht. Die Tierfreundin ist dankbar.

Der Ober bringt die Rechnung. Der Mann will die Rechnung bezahlen, aber die Rechnung ist sehr hoch. Er fragt den Ober: „Die drei Suppen kosten 20 €, aber es gibt auch ‚FR-- 20 €.' Was ist FR und warum kostet es 20 €?"

Der Ober sagt: „Ach, FR **bedeutet** ‚Fliegenrettung.' Fliegenrettung ist nicht **kostenlos**."

Der Mann bezahlt die Rechnung, aber er verabschiedet sich nicht vom Ober.

English meaning of words in bold type

der Händedruck = the handshake

die Tierfreundin = the (female) animal lover

Mövenpick = restaurant and ice cream chain, but there are also Mövenpick hotels and resorts

bestellen = order (plural) bestellen = to order

lecker = delicious, yummy

fast = almost

sofort = right away, immediately, instantly

bedeutet = stands for, means bedeuten = to stand for, to mean

kostenlos = free

Beantworte die folgenden Fragen.

1. Was haben die Leute im Restaurant bestellt?
2. Was ist in der Suppe des Mannes gewesen?
3. Was hat der Ober gesehen, als er in die Suppe hineingeschaut hat?
4. Wer rettet die Fliege?
5. Wer bezahlt die Rechnung?
6. Bist du ein Tierfreund oder eine Tierfreundin?

Geschichte 9-2

Target words and phrases

ist in Urlaub gefahren = went on vacation (singular)
sind in Urlaub gefahren = went on vacation (plural)
hat sich verabschiedet = said goodbye
Sie haben…zum Abendessen eingeladen. = They invited…to dinner.
hatte Lust = felt like, wanted
hat…hineingeschaut = looked into (something)
hat…gerettet = saved
retten = to save
ist nicht ertrunken= did not drown
Der Ober hat die Rechnung gebracht. = The waiter brought the bill.
bringen = to bring
Er hat die Rechnung bezahlt. = He paid the bill.

Sie ist nicht ertrunken

(conversational past)

Ein Mann und seine Frau sind in Urlaub nach Deutschland gefahren. Sie sind mit den Eltern der Frau zum Flughafen gefahren. Sie sind beim (bei dem) Flughafen angekommen und sie haben sich verabschiedet. Die Frau hat sich mit einem Kuss verabschiedet und der Mann hat sich mit einem **Händedruck** verabschiedet. Sie sind in Wien gelandet. In Wien haben sie eine Freundin zum Abendessen eingeladen. Die Frau war eine **Tierfreundin**. Die Frau hatte Lust, in einem **Mövenpick** zu essen. Sie hatten alle Lust, Suppe zu essen. Sie **haben** alle Suppe **bestellt**.

Der Ober **hat** die Suppe **gebracht**. Alle haben die Suppe gegessen. Die Suppe war **lecker**. Aber **es gab** ein Problem. In der Suppe des Mannes **gab es** eine Fliege. Die Fliege ist in der Suppe geschwommen. Die Fliege ist **fast** ertrunken. Der Mann hat die Fliege nicht gesehen und sie fast gegessen. Aber die Tierfreundin hat geschrien: „Iss nicht die Fliege!"

Der Mann hat die Fliege gesehen und hat den Ober gerufen. Der Ober war in der Küche und hat in das Restaurant hineingeschaut. Er ist **sofort** gekommen. Er hat in die Suppe hineingeschaut und hat die Fliege gesehen. Die Fliege **konnte** nicht gut schwimmen. Die Fliege ist fast ertrunken. Der Ober hat gesagt: „Es tut mir Leid. Ich werfe die Suppe mit der Fliege weg."

Die Tierfreundin hat aber gesagt: „Bitte töten Sie nicht die Fliege. Bitte retten Sie die Fliege."

Der Ober hat gesagt: „OK, ich rette die Fliege." Also hat der Ober die Fliege gerettet. Er **hat** die Fliege aus der Suppe **herausgenommen** und hat sie der Tierfreundin gegeben. Die Fliege ist nicht ertrunken. Die Tierfreundin war dankbar.

Der Ober hat die Rechnung gebracht. Der Mann **wollte** die Rechnung bezahlen, aber die Rechnung war sehr hoch. Er hat den Ober gefragt: „Die drei Suppen kosten 20 €, aber es gibt auch ‚FR--20 €.' Was ist FR und warum kostet es 20 €?"

Der Ober hat gesagt: „Ach, FR **bedeutet** ‚Fliegenrettung.' Fliegenrettung ist nicht **kostenlos**."

Der Mann hat die Rechnung bezahlt, aber er hat sich nicht vom Ober verabschiedet.

English meaning of words in bold type

der Händedruck = the handshake
die Tierfreundin = the (female) animal lover
Mövenpick = restaurant and ice cream chain, but there are also Mövenpick hotels and resorts
haben…bestellt = ordered — bestellen = to order
hat…gebracht = brought — bringen = to bring
lecker = delicious, yummy
es gab = there was
fast = almost
sofort = right away, immediately, instantly
konnte = could — können = to be able to
hat…herausgenommen = took out — herausnehmen = to take out
wollte = wanted to — wollen = to want to
bedeutet = stands for, means — bedeuten = to mean, to stand for
kostenlos = free

Beantworte die folgenden Fragen.

1. Was haben die Leute im Restaurant bestellt?
2. Was war in der Suppe des Mannes?
3. Was hat der Ober gesehen, als er in die Suppe hineingeschaut hat?
4. Wer hat die Fliege gerettet?
5. Wer hat die Rechnung bezahlt?
6. Bist du ein Tierfreund oder eine Tierfreundin?

Geschichte 10-1

Target words and phrases

das Flugzeug = the airplane
der Flugschein = the airplane ticket
or can use „das Flugticket"
steigt…ein = boards/gets in — einsteigen = to board/ to get in a conveyance of some sort
steigen…ein = board (plural)
der Lottoschein = the lottery ticket
steigt…aus = gets out — aussteigen = to get out of a conveyance of some sort

Zwei Frauen reisen nach Deutschland

(Present tense – same story follows in conversational past)

Eine Frau will Urlaub machen. Sie will nach Deutschland reisen, aber sie will nicht alleine reisen, also lädt sie eine Freundin ein. Sie sagt zu ihrer Freundin: „Ich kann deinen Flugschein nicht kaufen, aber **es wäre schön, wenn** du mit mir reisen **könntest**."

Ihre Freundin sagt: „Es ist nett, dass du mich eingeladen hast. Ich kaufe gerne meinen Flugschein und will mit dir nach Deutschland reisen. Ich war schon lange nicht mehr im Urlaub."

Sie rufen ein Taxi an und steigen in das Taxi ein. Sie kommen beim **Flughafen** an und steigen aus. Dann steigen sie in das Flugzeug ein. Während des Fluges reden sie. Sie **sind ganz aufgeregt** und können **kaum** warten, bis sie ankommen.

Das Flugzeug fliegt acht Stunden lang. **Kurz nachdem** sie ankommen, steigen sie aus. Als sie aussteigen, **verabschieden sie sich** von der Stewardess. Sie rufen dann ein Taxi und steigen ein. Leider **vergessen sie** ihre **Handtaschen** im Taxi. Sie gehen zur Polizei, aber die Polizei kann das Taxi und den Fahrer nicht finden. Ein Polizist (policeman) sagt zu ihnen: „Es tut mir Leid, aber der Taxifahrer war ein **Dieb.**“

Zusammen haben sie nur fünf Euro. Sie sind **verzweifelt.** Sie gehen die Straße entlang. Sie kaufen dann einen Lottoschein. Am nächsten Tag gewinnen sie 10.000.000 €.

Sie sind sehr glücklich. Sie machen sechs Monate Urlaub, bis sie wieder nach Hause reisen.

English meaning of words in bold type

es wäre schön, wenn … = it would be nice, if …
könntest = could
der Flughafen = the airport
sind ganz aufgeregt = are really excited
ganz = completely, entirely
kaum = barely, hardly
Kurz nachdem = shortly after
verabschieden sie sich = they say goodbye
sie vergessen = they forget
die Handtaschen = the purses
der Dieb = the thief
verzweifelt = desperate

Beantworte die folgenden Fragen.

1. Wohin sind die Frauen in Urlaub gefahren?
2. Wo haben sie ihre Handtaschen vergessen?
3. Wie viel Geld haben sie gewonnen?
4. Wie lange waren sie im Urlaub?
5. Löst (solves) Geld alle Probleme im Leben (life)?
6. Wenn Leute viel Geld im Lotto gewinnen, geht es ihnen dann immer gut?

Geschichte 10-2

Target words and phrases

das Flugzeug = the airplane
der Flugschein = the airplane ticket
ist…eingestiegen = boarded/got in (singular)
einsteigen = to board/get in
sind…eingestiegen = boarded/got in (plural)
der Lottoschein = the lottery ticket

Zwei Frauen sind nach Deutschland gereist

(conversational past)

Eine Frau wollte Urlaub machen. Sie wollte nach Deutschland reisen, aber sie wollte nicht alleine reisen, also hat sie eine Freundin eingeladen. Sie hat zu ihrer Freundin gesagt: „Ich kann deinen Flugschein nicht kaufen, aber **es wäre schön, wenn** du mit mir reisen **könntest**."

Ihre Freundin hat gesagt: „Es ist nett, dass du mich eingeladen hast. Ich kaufe gerne meinen Flugschein und will mit dir nach Deutschland reisen. Ich war schon lange nicht mehr im Urlaub."

Sie haben ein Taxi angerufen und sind in das Taxi eingestiegen. Sie sind beim **Flughafen** angekommen und sind ausgestiegen. Dann sind sie in das Flugzeug eingestiegen. Während des Fluges haben sie geredet. Sie **waren ganz aufgeregt** und konnten **kaum** warten, bis sie angekommen sind.

Das Flugzeug ist acht Stunden lang geflogen. **Kurz nachdem** sie angekommen sind, sind sie ausgestiegen. Als sie ausgestiegen sind, **haben** sie **sich** von der Stewardess **verabschiedet**. Sie haben dann ein Taxi angerufen. Die Frau ist zuerst eingestiegen. Dann ist ihre Freundin eingestiegen. Leider **haben** sie **ihre Handtaschen** im Taxi **vergessen**. Sie sind zur Polizei gegangen, aber die Polizei konnte das Taxi und den Fahrer nicht finden. Ein Polizist (policeman) hat zu ihnen gesagt: „Es tut mir Leid, aber der Taxifahrer war ein **Dieb.**"

Zusammen hatten sie nur fünf Euro. Sie waren **verzweifelt.** Sie sind die Straße entlang gegangen. Sie haben dann einen Lottoschein gekauft. Am nächsten Tag haben sie

10.000.000 € gewonnen. Sie waren sehr glücklich. Sie haben sechs Monate Urlaub gemacht, bis sie wieder nach Hause gereist sind.

English meaning of words in bold type

es wäre schön, wenn … = it would be nice, if …

könntest = could

der Flughafen = the airport

waren ganz aufgeregt = were very excited

ganz = completely, entirely

kaum = barely, hardly

kurz nachdem = shortly after

haben sich…verabschiedet = they said goodbye

sich verabschieden = to say to say goodbye

haben ihre Handtaschen…vergessen = they forget their purses

der Dieb = the thief

verzweifelt = desperate

Beantworte die folgenden Fragen.

1. Wohin sind die Frauen in Urlaub gefahren?
2. Wo haben sie ihre Handtaschen vergessen?
3. Wie viel Geld haben sie gewonnen?
4. Wie lange waren sie im Urlaub?
5. Löst (solves) Geld alle Probleme im Leben (life)?
6. Wenn Leute viel Geld im Lotto gewinnen, geht es ihnen dann immer gut?

Geschichte 11

Target words and phrases

hat Lust = feels like, wants — Lust haben = to feel like

macht Urlaub = goes on vacation

der Flugschein = the airplane ticket (can also use "das Flugticket")

der Flughafen = the airport

der Lottoschein = the lottery ticket

Die Ostsee

(The Baltic Sea)

Ein Amerikaner heiβt John. Er hat Lust, Urlaub in Europa zu machen. Er kauft einen Flugschein und fährt zum Flughafen. Er steigt in ein großes Flugzeug ein und fliegt nach Deutschland. Er landet in Frankfurt. Er fährt zu einem großen Hotel in Frankfurt und geht spazieren. Am Abend isst er allein Abendessen. Am nächsten Morgen **mietet** er einen Mercedes. Er fährt nach Rostock. Rostock ist an der **Ostsee**.

Plötzlich sieht er eine schöne Frau. Ihr Auto ist kaputt und sie braucht Hilfe. Er hält an, steigt aus und geht zu ihr. Aber die Frau ist eine Diebin. Ein Mann mit einer Pistole steigt

aus dem Auto und sagt: „Hände hoch oder ich schieße." Der Mann und die Frau stehlen seine **Brieftasche** und seinen

Mietwagen. Der Dieb und die Diebin fahren mit den zwei Autos weg. Sie fahren nach Rostock.

John hat jetzt kein Auto und kein Geld, also **trampt** er. Ein **LKW** hält an und fährt ihn nach Rostock. Der LKW-Fahrer bietet ihm 20 € an. John sagt: „Das ist sehr großzügig von Ihnen. Danke." John geht dann zum Abendessen. Die Rechnung ist 10 € und er bezahlt die Rechnung und verabschiedet sich von der Kellnerin.

Er kauft einen Lottoschein und er gewinnt 10.000 €. Dann mietet er ein anderes Auto und fährt zur Ostsee. Er kommt am **Strand** an, es gibt aber ein Problem. Er hat keinen **Badeanzug**. Er kauft einen Badeanzug und geht zum Strand.

Eine schöne Frau kommt zu ihm und redet mit ihm. Sie gehen zu ihrem **Strandkorb**. Sie sitzen und reden im **Strandkorb**. Schließlich **erkennt** er sie, aber sie erkennt ihn nicht. Sie ist die Diebin. Später schwimmt die Diebin in der Ostsee und John sitzt im **Strandkorb**. Während sie im Wasser ist, schaut er in ihre **Handtasche** hinein und er findet seine Brieftasche. Alles Geld und alle Kreditkarten sind noch da. Er nimmt ihre Kleider, Handtasche, wirft sie in einen **Müllcontainer** und fährt weg. Er denkt: „Dieser Urlaub macht Spaß."

English meaning of words in bold type

mietet = rents mieten = to rent
die Ostsee = the Baltic Sea
die Brieftasche = the wallet
der Mietwagen = the rental car
trampt = hitchhikes trampen = to hitchhike
LKW = Lastkraftwagen = semi-truck
der Strand = the beach
der Badeanzug = the bathing suit

der Strandkorb = roofed wicker beach chair*
erkennt = recognizes erkennen = to recognize
die Handtasche = purse
der Müllcontainer = the trash dumpster

Beantworte die folgenden Fragen.

1. Auf welchem Flughafen ist der Amerikaner gelandet?
2. Wie ist der Amerikaner nach Rostock gefahren?
3. Wer hat dem Mann das Geld für das Abendessen gegeben?
4. Was hat der Mann mit der Handtasche und den Kleidern der Frau gemacht? Hat es ihm Leid getan?
5. Löst (solves) Geld alle Probleme?
6. Wenn Leute viel Geld im Lotto gewinnen, geht es ihnen dann immer gut?

* „Der Strandkorb" (roofed wicker beach chair) is common on the Baltic Sea (die Ostsee) beaches and the North Sea beaches. It protects from sun, wind, and rain. "Strandkörbe" (plural) are often two seaters with tiltable tops, armrests, and footrests. Often there is a storage area under the seats.

Supplemental story #1

Target words and phrases

hat…Lust = feels like/wants
macht Urlaub = goes on vacation/vacationing
urlaub machen = to go on vacation/vacationing

der Flugschein = airplane ticket	die Flugscheine = airplane tickets
der Flughafen = airport	die Flughäfen = airports
der Lottoschein = lottery ticket	die Lottoscheine = lottery tickets

Urlaub in Mallorca

Eines Tages wacht Peter auf. Peter geht in die Küche. Er hat Lust **Müsli** zu essen. Er hat auch Lust einen starken Kaffee zu trinken. Er kocht den Kaffee während er sein Müsli isst. **Kurtz darauf** trinkt er den starken Kaffee. Er **ist nicht in guter Laune**. Er möchte Urlaub machen, aber er hat keine Urlaubspläne.

Er hat seit zwei Jahren keinen Urlaub gemacht. **Gerade dann klingelt** sein Smartphone. Ein guter Freund sagt: „He Peter. Ich habe einen extra Flugschein für einen Flug nach **Mallorca**. Meine Freundin ist **krank** und kann nicht mit mir Urlaub machen. Ich biete dir einen kostenlosen (free) Flugschein an. Hast du Lust mit mir Urlaub zu machen?"

Peter sagt gleich: „Ja, ich habe Lust Urlaub zu machen." Sein Freund, Armin, sagt: „Ich fahre zu deinem Haus und **hole dich** in zwei Stunden **ab**."

Armin geht zu seinem Auto und steigt ein. Armin **kommt** bei Peters **Wohnung an**. Armin steigt aus und macht den Kofferraum (trunk) auf. Ein **Koffer** ist schon im

Kofferraum. Peter legt seine zwei Koffer in den Kofferraum und macht den Kofferraum zu. Peter und Armin steigen in das Auto ein. Armin gibt Peter den Flugschein. Peter küsst den Flugschein und sagt: „Danke für den Flugschein."

Peter sagt zu Armin: „Mensch! Ich habe Lust Urlaub zu machen." Armin lächelt: „Ich auch. Ich habe Lust Urlaub in Mallorca zu machen." Peter sagt: „Ich habe Lust am Strand (beach) zu liegen. Und Armin fährt zum Flughafen.

Armins Wagen kommt beim Flughafen an. Er parkt den Wagen und steigt aus. Peter steigt auch aus. Sie gehen mit den Koffern zum **Schalter**.

Sie steigen in das Flugzeug ein. Während des Fluges reden sie. Während des Fluges kauft Armin ein Sandwich. Peter kauft nichts.

Das Flugzeug landet in Mallorca. Der Flughafen heißt Palma de Mallorca Flughafen. Sie steigen aus dem Flugzeug aus und gehen zur **Gepäcksausgabe**. Sie nehmen ihre Koffer und gehen zu einem Taxi. Sie steigen in das Taxi ein. Der Taxifahrer fährt zu einem Hotel. Peter bezahlt die Rechnung. Sie checken ein.

Kurz darauf gehen sie zum Strand. Am Strand gibt es ein Lottokiosk. Peter kauft einen Lottoschein. Armin kauft keinen Lottoschein. Peter gewinnt das Lotto nicht.

Definition of words in bold type

das Müsli = cereal

kurtz darauf = shortly thereafter

ist nicht in guter Laune = is not in a good mood

guter Laune sein = be in a good mood

die Lauen = mood

gerade dann = just then

klingelt = rings klingeln = to ring

das Mallorca = a Spanish island, a favorite winter vacation destination for Germans
krank = sick
hole dich ab = pick you up — abholen = to pick up somebody; holt…ab = picks up…
kommt…an = arrives — ankommen = to arrive
die Wohnung = apartment/residence
der Koffer = suitcase
der Schalter = counter at an airport/bus station/post office/bank
die Gepäcksausgabe = baggage claim
das Gepäck = baggage

Geschichte 12

Target words and phrases
hat…erfunden = invented
erfinden = to invent
hat…verloren = lost
der Golfplatz = the golfcourse
die Golftasche = the golfbag
die Golfschläger = the golf clubs

Tiger Woods

Tiger Woods hat einen schlechten Tag. Er steht auf, duscht sich und zieht sich an. Aber er kann seine **Brieftasche** nicht finden. Er hat seine **Brieftasche** verloren. Er geht zu seinem Auto, aber er hat seine **Autoschlüssel** verloren. Er kann den **Kofferraum** nicht aufmachen. Die Golftasche ist im Kofferraum. Er muss zu Fuß zum Golfplatz gehen. Er muss **ohne** Golftasche und ohne Geld zum Golfplatz gehen.

Er trampt (hitchhikes). **Sofort** hält eine junge Frau an. Sie fährt ihn zum Golfplatz. Tigers Caddie ruft ihn an und sagt, dass er krank ist und dass er heute die Golftasche nicht tragen kann. Tiger erzählt der Frau, dass er seine Brieftasche, **Schlüssel** und Golftasche verloren hat. „Ich kann heute nicht im **Tournier** spielen, weil ich alles verloren habe."

Die Frau sagt: „Ich biete Ihnen meine Golftasche und Golfschläger an."

Tiger antwortet: „Danke. Das ist großzügig von Ihnen. **Sie haben mich gerettet."**

Leider sind die Golfschläger sehr kurz. Die Golfschläger sind kurz, weil die Frau sehr klein ist. Tiger muss auf seinen Knien spielen. Aber Tiger **benutzt** die kurzen Golfschläger und spielt sehr gut. Also hat er ein neues Golfspiel erfunden. Er fährt zum **Patentamt** und **meldet ein Patent an**. Er hat ein neues Golfspiel erfunden. Bald kaufen alle Golfspieler der Welt kurze Golfschläger und kleine Golftaschen. Tiger spielt immer mit kurzen Golfschlägern und gewinnt immer.

Aber es gibt ein Problem. Seine Knie tun weh. Er geht zum **Arzt**. Der Arzt sagt: „Sie **sollen** nicht mehr mit kurzen Golfschlägern Golf spielen." Tiger **weiß**, was er tun soll. Er denkt: „Ich muss ein neues Golfspiel erfinden und ich muss neue Golfschläger erfinden."

Schließlich hat er ein neues Golfspiel erfunden und er hat lange Golfschläger erfunden. Die Golfschläger sind drei Meter lang. Er hat auch einen neuen Golfball erfunden. Der Golfball pfeift, wenn man ihn stark schlägt. Er spielt sehr gut mit den neuen Golfschlägern und seine Knie tun nicht mehr weh. Tiger denkt: „Erfinden macht Spaß."

Tiger spielt dann auf Golfplätzen überall in der Welt. Er hat viele Fans. Sie lieben Tiger nicht nur, weil er so gut spielt, **sondern auch,** weil er ein neues Golfspiel erfunden hat.

Aber er **vergisst nicht** die Frau. Er weiß, dass er ohne sie nie ein neues Golfspiel erfunden hätte. Er ist dankbar und gibt ihr $1.000.000. Sie ist sehr dankbar und sagt: „Danke. Das ist sehr großzügig von Ihnen. Eines Tages hoffe ich, auch etwas zu erfinden."

English meaning of words in bold type

die Brieftasche = wallet
die Autoschlüssel = the car keys
der Kofferraum = the trunk der Koffer = the suitcase
ohne = without
sofort = immediately, right away
der Schlüssel = the key
das Tournier = the tournament
Sie haben mich gerettet. = You saved me.
leider = unfortunately
benutzt = uses benutzen = to use
das Patentamt = the patent office
meldet ein Patent an = applies for a patent
der Arzt = the doctor
sollen = should
weiß = knows wissen = to know
sondern auch = but also
vergisst nicht = doesn't forget vergessen = to forget

Beantworte die folgenden Fragen.

1. Was hat Tiger Woods verloren?
2. Wie fährt er zum Golfplatz?
3. Was hat Tiger zuerst erfunden?

4. Warum muss Tiger aufhören (stop), mit kleinen Golfschlägern zu spielen?
5. Wie viel Geld hat Tiger der Frau gegeben?
6. Was hat die Frau verloren?
7. Hast du schon einmal etwas verloren? Was hast du verloren?

Supplemental story #2

Target words and phrases

hat…erfunden = invented erfindet = invents

erfinden = to invet

narrative past: erfand = invented

In German grammar narrative past is called „Imperfekt."

hat…verloren = lost verliert = loses verlieren = to lose

narrative past: verlor = lost

der Golfplatz = golf course die Golfplätze = golf courses

die Golftasche = golf bag die Golftaschen = golf bags

der Golfschläger = golf club die Golfschläger = golf clubs

Günter war Erfinder

(Gunther was an inventor)

Günter war **Ingenieur**. Er war **Erfinder**. Er hat viele tolle **Dinge** erfunden. Aber er **hat nie seine Ideen zum Markt bringen können.**

Günter möchte Urlaub machen. Er möchte während des Urlaubs Golf spielen. Sein Lieblingsgolfplatz ist in **Schottland**. Das Problem ist, dass er kein Geld hat. Es ist teuer nach Schottland zu fliegen und auf einem Golfplatz in Schottland zu spielen. Jeden Tag denkt er: *„Ich habe Lust Golf zu spielen."*

Er **hat** nicht das Lotto **gespielt.** Er **hat** das Lotto nicht **gewonnen**. **Anstatt** hat er jeden Tag gearbeitet. Eines Tages hatte er eine tolle Idee für einen neuen Motor. Nach zwei Jahren **Arbeit** hat er den Motor getestet. Der Motor war fantastisch.

Anstatt das Lotto zu gewinnen, hat er etwas erfunden. Er hat einen neuen Motor erfunden. Der Motor war sehr effizient. Er **hat** sein Patent für $100.000.000 **verkauft**. Er dachte, nun kann ich Urlaub in Schottland machen. Ich kann Golf auf einem Golfplatz in Schottland spielen.

Er hat eine schöne große Golftasche gekauft. Die Golftasche war sehr teuer. Er hat auch Golfschläger gekauft. Er hat die Golfschläger und die Golftasche mit Kreditkarte bezahlt.

Er wollte nicht Urlaub alleine machen. Er hat seine Freunde eingeladen mit ihm Urlaub zu machen. Er hat zehn Freunde eingeladen. Sie alle wollten auch Urlaub machen. Sie wollten alle Urlaub in Schottland machen.

Günter **hat** ein Privatflugzeug **gemietet**. Er **musste** keine Flugscheine **kaufen**. Er hat das Privatflugzeug gemietet und **hat** mit Kreditkarte **bezahlt**. Er hat einen Bus am Internet gemietet. Der Bus **hat** alle seine Freunde **abgeholt**. Er hat für den Bus mit Kreditkarte bezahlt. Am Tag der **Abreise ist** der

Bus zu den **Wohnungen** seiner Freunde **gefahren**. Bei jeder **Wohnung** hat der Bus angehalten. Der Busfahrer ist ausgestiegen und hat die Koffer jedes Freundes in einen großen **Kofferraum** gesteckt. Jeder Freund hatte auch eine Golftasche. Der Busfahrer hat auch die Golftaschen in den Kofferraum gesteckt. Der Busfahrer und jeder Freund sind in den Bus eingestiegen. Schließlich ist der Busfahrer zu Günters Wohnung angekommen. Der Busfahrer ist wieder ausgestiegen. Dann sind der Busfahrer und Günter in den Bus eingestiegen. **Insgesamt** sind 12 Leute eingestiegen.

Der Bus ist zum Flughafen gefahren. Der Bus hat beim Flughafen angehalten und hat vor dem Flughafen geparkt. Alle sind beim Flughafen ausgestiegen. Günter hat sich vom Busfahrer verabschiedet. Er hat dem Fahrer $100 **Trinkgeld** gegeben.

Für den Flug **hat** Günter ein **Privatflugzeug gemietet**. Sie sind alle zum Flugzeug gegangen. Sie sind nicht zum **Schalter** gegangen. Keiner hatte einen Flugschein. Sie alle sind in das Privatflugzeug eingestiegen. Sie alle sind in erster Klasse geflogen. Das Flugzeug **ist abgehoben** und ist nach Schottland geflogen. Während des Fluges haben sie Abendessen und Frühstück gegessen. Die Flugbegleiterin war sehr nett.

In Schottland **sind** sie alle **ausgestiegen**. Günter ist zuerst ausgestiegen. Sie sind zur **Gepäcksausgabe** gegangen und **haben** ihre Koffer und Golftaschen **abgeholt**. Sie alle sind in Taxis eingestiegen und sind zu einem Hotel neben einem Golfplatz gefahren. Sie alle hatten einen tollen Urlaub. Günter hat alles bezahlt. Für seine Freunde war der Urlaub **kostenlos**.

English meaning of words in bold type

der Ingenieur = engineer

der Erfinder = inventor

die Dinge = things das Ding = thing

hat nie seine Ideen zum Markt bringen können = could never bring his ideas to market

das Schottland = Scottland

hat…gespielt = played spielen = to play spielt = plays

narrative past: spielte = played

hat…gewonnen = won gewinnen = to win gewint = wins

gewann = won

anstatt = instead of

die Arbeit = work

hat…verkauft = sold verkaufen = to sell verkauft = sells

narrative past: verkaufte = sold

hat…gemietet = rented mieten = to rent mietet = rents

narrative past: mietete = rented

musste…kaufen = had to purchase

hat…bezahlt = paid bezahlen = to pay bezahlt = pays

narrative past: bezahlte = paid

hat…abgeholt = picked up abholen = to pick up

holt…ab = picks up

narrative past: holte…ab = picked up.

die Abreise = departure abreisen = to depart

reist..ab = departs narrative past: reiste…ab = departed

ist…gefahren = drove/rode fahren = to drive/ride

fährt = rives/rides

narrative past: fuhr…ab = drove/rode

die Wohnung = apartment die Wohnungen = apartments

das Trinkgeld = the tip (money)

der Kofferraum = trunk der Raum = space/room

insgesamt = altogether

das Privatflugzeug = private airplane

hat…gemietet = rented mieten = to rent mietet = rents

narrative past: mietete = rented

der Schalter = counter at an airport/train station/bank/bus station

ist...abgehoben = lifted off abheben = to lift off

hebt…ab = lifts off narrative past: hob…ab = lifted off

sind…ausgestiegen = got out (plural)

die Gepäcksausgabe = baggage claim

haben…abgeholt = picked up/fetched (plural)

kostenlos = free

Geschichte 13-1

Target words and phrases

hat…verloren = lost verlieren = to lose
ist zum Schalter gegangen = went to the counter (at an airport, train station, post office or bank)
hat…gesehen = saw (singular) sehen = to see
haben Sie…gesehen? = Did you see …? (formal)
der Koffer = the suitcase

Der verlorene Koffer

(Conversational past – same story follows in narrative past)

Eine Frau war im Urlaub. Nach zwei Wochen ist sie nach Hause geflogen. Das Flugzeug ist gelandet und sie ist ausgestiegen. Sie hat ein Taxi angerufen und ist mit dem Taxi nach Hause gefahren. Aber es gab ein Problem. Sie hat einen Koffer verloren.

Sie hat gedacht, dass sie den Koffer beim Flughafen verloren hatte, also ist sie zum Flughafen gefahren und ist zum Schalter gegangen. Sie war mit **Lufthansa** geflogen, aber sie hat einen Fehler gemacht. Sie ist nicht zum Lufthansa-Schalter gegangen. Sie ist zum Southwest-Airlines-Schalter gegangen.

Die Person, die hinter dem Schalter **war**, hat gefragt: „Welche Farbe hatte der Koffer?

Die Frau hat geantwortet: „Er war ein großer, roter Koffer."

Die Person, die hinter dem Schalter **war**, hat gesagt: „Wir haben keinen roten Koffer gesehen."

Die Frau hat gesagt: „Das ist **unmöglich**."

Die Person, die hinter dem Schalter war, hat gefragt: „Kann ich Ihren Flugschein sehen?" Die Person, die hinter dem Schalter war, hat den Flugschein angeschaut und hat gesagt:

„Kein Wunder, dass wir keinen roten Koffer gesehen haben; Sie sind mit Lufthansa geflogen."

Die Frau ist zum Lufthansa-Schalter gegangen und hat die Person, die hinter dem Schalter war, gefragt: „Haben Sie einen großen, roten Koffer gesehen?"

Die Person, die hinter dem Schalter war, hat gesagt: „Nein, ich habe keinen großen, roten Koffer gesehen. Vielleicht sollten Sie zur **Gepäckausgabe** gehen?"

Bei der Gepäckausgabe hat sie viele Leute gefragt: „Haben Sie einen großen, roten Koffer gesehen?"

Alle haben gesagt: „Nein, ich habe keinen roten Koffer gesehen."

Schließlich hat die Frau gedacht: „**Du meine Güte!** Ich habe meinen Koffer verloren. "

Aber dann hat die Frau einen Mann mit einem groβen, roten Koffer gesehen. Sie ist zu ihm gelaufen und hat gerufen: „Das ist mein Koffer!"

Er hat gesagt: „Nein, das ist mein Koffer" und ist weggelaufen.

Die Frau ist schneller gelaufen. Sie hat gerufen: „Dieb, Dieb!"

Die Frau ist auf den Mann gesprungen und hat ihn mit ihrer Handtasche geschlagen. „Hilfe! Hilfe!" hat der Mann geschrien. Glücklicherweise hat ein Polizist den Mann gerettet.

Der Polizist hat die Frau gefragt: „Was ist im Koffer?"

Sie hat gesagt: „Meine **Kleidung** ist im Koffer."

Der Polizist hat den Mann gefragt: „Was ist im Koffer?"

Er hat geantwortet: „Meine Kleidung ist im Koffer."

Der Polizist hat den Koffer aufgemacht und es war nur Männerkleidung im Koffer. Die Frau ist rot geworden. **Gerade** dann **ist** die Person, die hinter dem Lufthansa-Schalter war, **vorbeigekommen** und hat zu der Frau gesagt: „Wir haben Ihren Koffer gefunden. **Sie haben** den Koffer in Frankfurt **vergessen**. Er wird morgen ankommen."

English meaning of words in bold type

Lufthansa = German airline company
die Person, die ... war = the person, who was ...
unmöglich = impossible
die Gepäckausgabe = the baggage claim
Du meine Güte! = Oh my goodness!
die Kleidung (only singular) = clothes
gerade = just
ist...vorbeigekommen = came by
vorbeikommen = to come by
Sie haben...vergessen (formal singular) = You forgot ...

Beantworte die Folgenden Fragen.

1. Was hat die Frau gedacht, dass sie verloren hat?
2. Wen hat die Frau mit ihrer Handtasche geschlagen?
3. Wen hat der Polizist gerettet?
4. Hast du oder haben deine Eltern schon einen Koffer einmal verloren, als ihr in Urlaub geflogen seid?
5. Verlieren Fluggesellschaften (airline companies) oft Koffer?

Geschichte 13 – 2

Target words and phrases

hatte…verloren = lost verlieren = to lose

ging zum Schalter = went to the counter (at an airport, train station, post office, or bank)

sah = saw sehen = to see

haben Sie…gesehen = did you see …?

der Koffer = the suitcase

Der verlorene Koffer

(narrative past)

Eine Frau war im Urlaub. Nach zwei Wochen flog sie nach Hause. Das Flugzeug landete und sie stieg aus. Sie rief ein Taxi an und fuhr mit dem Taxi nach Hause. Aber es gab ein Problem. Sie hatte einen Koffer verloren.

Sie dachte, dass sie den Koffer beim Flughafen verloren hatte, also fuhr sie zum Flughafen und ging zum Schalter. Sie war mit **Lufthansa** geflogen, aber sie machte einen Fehler. Sie ging nicht zum Lufthansa-Schalter. Sie ging zum Southwest-Airlines-Schalter.

Die Person, die hinter dem Schalter **war**, fragte: „Welche Farbe hatte der Koffer?“

Die Frau antwortete: „Er war ein großer, roter Koffer.“

Die Person, die hinter dem Schalter **war**, sagte: „Wir haben keinen roten Koffer gesehen.“

Die Frau sagte: „Das ist **unmöglich**.“

Die Person, die hinter dem Schalter war, fragte: „Kann ich Ihren Flugschein sehen?“ Die Person, die hinter dem Schalter war, schaute den Flugschein an und sagte: „Kein Wunder, dass wir keinen roten Koffer gesehen haben; Sie sind mit Lufthansa geflogen.“

Die Frau ging zum Lufthansa-Schalter und fragte die Person, die hinter dem Schalter war: „Haben Sie einen großen, roten Koffer gesehen?“

Die Person, die hinter dem Schalter war, sagte: „Nein, ich habe keinen großen, roten Koffer gesehen. Vielleicht sollten Sie zur **Gepäckausgabe** gehen?“

Bei der Gepäckausgabe fragte sie viele Leute: „Haben Sie einen großen, roten Koffer gesehen?“

Alle sagten: „Nein, ich habe keinen roten Koffer gesehen.“ Schließlich dachte die Frau: „**Du meine Güte!** Ich habe wieder einen Koffer verloren.“

Aber dann sah die Frau einen Mann mit einem großen, roten Koffer. Sie lief zu ihm und rief: „Das ist mein Koffer!“

Er sagte: „Nein, das ist mein Koffer“ und lief weg. Die Frau lief aber schneller. Sie rief: „Dieb, Dieb!“

Die Frau sprang auf den Mann und schlug ihn mit ihrer Handtasche. „Hilfe! Hilfe!“ schrie der Mann. Glücklicherweise rettete ein Polizist den Mann.

Der Polizist fragte sie: „Was ist im Koffer?“

Sie sagte: „Meine **Kleidung** ist im Koffer.“

Der Polizist fragte den Mann: „Was ist im Koffer?“

Er antwortete: „Meine Kleidung ist im Koffer.“

Der Polizist machte den Koffer auf und es war nur Männerkleidung im Koffer. Die Frau wurde rot. **Gerade** dann

kam die Person, die hinter dem Lufthansa Schalter war, **vorbei** und sagte zu der Frau: „Wir haben Ihren Koffer gefunden. **Sie haben** den Koffer in Frankfurt **vergessen**. Er wird morgen ankommen."

English meaning of words in bold type
Lufthansa = German airline company
die Person, die ... war = the person, who was...
unmöglich = impossible
die Gepäckausgabe = the baggage claim
Du meine Güte! = Oh my goodness!
die Kleidung (only singular) = clothes
gerade = just
kam…vorbei = came by vorbeikommen = to come by
Sie haben…vergessen = You forgot…

Beantworte die Folgenden Fragen.

1. Was dachte die Frau, dass sie verloren hatte?
2. Wen schlug die Frau mit ihrer Handtasche?
3. Wen rettete der Polizist?
4. Hast du, oder haben deine Eltern schon einmal einen Koffer verloren?
5. Verlieren Fluggesellschaften (airline companies) oft Koffer?

Geschichte 14

Target words and phrases
mit Höchstgeschwindigkeit = at top speed
die Spende = the donation
die Spenden = the donations

Spenden machen Spaß

Rolf hält ein **Plakat** in der Hand. Auf dem Plakat **steht geschrieben:** „Spenden bitte." Er steht bei einem **Fluss**. Neben dem Fluss ist eine Straβe. Er steht aber nicht neben der Straße; er steht neben dem **Fluss**. Viele Autos fahren mit Höchstgeschwindigkeit vorbei. Die Fahrer lachen ihn aus. **Manche** machen die Autofenster auf und schreien: „Keine Spenden für doofe Leute."

Plötzlich kommen 1003 **Rennboote**. Sie fahren mit Höchstgeschwindigkeit. Achtundneunzig (98) **Rennboote** halten an. Die Rennbootfahrer sind alle junge, blonde Frauen **aus der Schweiz.** Sie denken, dass Rolf nett ist. Jede Rennbootfahrerin spendet $1000. Rolf nimmt das Geld und fährt mit Höchstgeschwindigkeit zu einem **Schmuckladen**. Er geht zur **Theke** im Schmuckladen und sagt: „Ich brauche etwas für meine Freundin. Ich werde sie **heiraten**."

Die Frau, die hinter der Theke steht, bietet ihm einen groβen Diamantenring an. Der Ring kostet $10.000. Rolf sagt: „Sie ist nicht so eine gute Freundin." Er kauft einen $100-Ring.

Er fährt dann zu einem Autohaus (car dealership) und kauft sich einen Porsche. Die Verkäuferin ist sehr schön und er gibt ihr den Ring. Sie gibt ihm ihre Telefonnummer und küsst ihn. Er fährt dann mit Höchstgeschwindigkeit zum Haus seiner

Freundin und sagt: „Ich habe dir einen sehr teuren Diamantenring gekauft, aber ich habe ihn verloren."

Sie sagt: „Kein Problem. Ich weiß, dass du mich liebst. Ich helfe dir, einen anderen Ring zu kaufen. Ich bezahle."

Er lächelt und sagt: „Du bist so nett und großzügig."

Rolf und seine Freundin fahren mit Höchstgeschwindigkeit zu einem Golfplatz. Sie tragen Golftaschen und wollen Golf spielen. Aber es gibt ein Problem; die Porscheverkäuferin ist auch da. Sie läuft zu Rolf und küsst ihn. Sie sagt: „Ich mag den Ring sehr." Und sie **zeigt** Rolfs Freundin den Ring.

Seine Freundin ist **wütend**. Sie nimmt die Golftasche und steckt die Golftasche auf seinen Kopf. Rolf wird **bewusstlos.** Er **träumt,** während er bewusstlos ist. Er träumt, dass er mit einer blonden Schweizerin im Urlaub ist. Sie fahren in einem Rennboot mit Höchstgeschwindigkeit von Los Angeles nach San Francisco. Er fällt aus dem Boot und kann nicht schwimmen. Schließlich rettet ihn die Frau. **Er ertrinkt nicht.** Sie **zieht** ihn aus dem Wasser, legt ihn in das Boot und küsst ihn. Sie sagt zu ihm: „Ich kann nicht ohne dich leben."

Er denkt: „Ich muss im Himmel (heaven) sein."

Plötzlich schlägt die blonde Schweizerin ihn mit einer Golftasche auf den Kopf. Aber dann wacht er auf und seine Freundin schlägt ihn mit der Golftasche. Er denkt: „Ich dachte, ich war im Himmel, aber ich bin in der Hölle (hell)." Er **betet** zu Gott: „Hilf mir und ich werde nie mehr böse sein."

Plötzlich kommt ein **Blitzschlag**. Seine Freundin und die Verkäuferin laufen weg. Er ist allein. Er ist dankbar. Er sagt: „Es gibt einen Gott. Ich werde nie mehr böse sein."

Rolf geht dann zu einer **Kneipe**. Hinter der **Theke** steht eine junge Frau. Sie ist nett, aber ein bisschen naiv. Er sagt zu ihr: „Ich habe nur noch einen Monat zu leben. Meine Freundin ist gestorben (died) und ich bin sehr einsam (lonely)."

Die Frau, die hinter der Theke steht, hat Tränen (tears) in den Augen. Sie sagt: „Es tut mir Leid. Du armer Mann. Vielleicht kann ich deine Freundin sein." Rolf lächelt ein böses Lächeln.

Plötzlich gibt es einen blendenden (blinding) **Blitz** und ohrenbetäubenden (deafening/ear-splitting) **Donner** und es ist dunkel in der **Kneipe**. Rolf **kniet sich schnell hin** und sagt zu der jungen Frau: „Entschuldigung. Ich muss wieder mit Gott sprechen."

English meaning of words in bold type

das Plakat = the sign, poster
steht geschrieben = is written
der Fluss = the river
manche = some
die Rennboote = the speed boats
aus der Schweiz = from Switzerland
der Schmuckladen = jewelry store
die Theke = the counter (in a store – here), or in a pub it is a bar
heiraten = to marry
Die Frau, die hinter der Theke steht = The woman who is standing behind the counter
zeigt = shows — zeigen = to show
wütend = furious
bewusstlos = unconscious

träumt = dreams träumen = to dream
Er ertrinkt nicht. = He doesn't drown.
zieht = pulls ziehen = to pull
betet = prays beten = to pray
der Blitzschlag = lighning strike
die Kneipe = pub, inn, bar
die Theke = bar (here), or sales counter, or a long counter in a restaurant
der Blitz = lightning
der Donner = thunder
kniet sich schnell hin = sinks quickly to his knees
sich hinknien = to kneel

Beantworte die folgenden Fragen.

1. Ist der Mann neben einer Straße oder neben einem Fluss gestanden?
2. Wer ist in der Geschichte mit Höchstgeschwindigkeit gefahren?
3. Ist es weise (wise), mit Höchstgeschwindigkeit zu fahren?
4. Wer hat Rolf Spenden gegeben?
5. Was hat er mit dem Geld gemacht?
6. Wem hat er den Ring gegeben?
7. Warum ist seine Freundin wütend (furious) geworden?
8. Sagen Leute immer die Wahrheit (truth)?
9. Soll man die Wahrheit (truth) sagen?

Geschichte 15

Target words and phrases

die Spenden = the donations
die Spende = the donation
das Rennboot = the speed boat
mit Höchstgeschwindigkeit = at top speed
in der Mitte des Ozeans = in the middle of the ocean
das Kreuzfahrtschiff = the cruise ship
das Schiff = the ship
die Putzfrau = cleaning lady
der Koffer = the suitcase

bemerkt = notices	bemerken = to notice something with one of the five senses (usually the eyes)
merkt = notices	merken = to notice or realize something indirectly/to realize something indirectly. The recognition can occur through the senses or observation, but also through intuition.

In summary: bemerken is used when you use your eyesight; merken is used for deeper, more intuitive things than cannot necessarily be picked up visually (alone).

Die Putzfrau

Eine Putzfrau putzt ein Haus in Miami. Die Putzfrau putzt das Schlafzimmer. Die Putzfrau bemerkt, dass ein **Dollarschein in** der **Matratze** steckt. Sie zieht am Dollarschein. Dann bemerkt sie einen anderen Dollarschein. Sie zieht den anderen Dollarschein aus der Matratze. Dann bemerkt sie noch mehr Dollarscheine. Zuerst gibt es nur Dollarscheine. Dann merkt sie, dass es auch **$100-Scheine** gibt. Dann bemerkt sie, dass es auch $1000-Scheine gibt. Sie ist reich. Sie ist glücklich. **Insgesamt** hat sie $5.000.000.

Plötzlich kommt ein schwarzes Auto. Die Männer, die im Auto fahren, sind von der Mafia. Die Putzfrau hat das Geld in ihrer großen Handtasche. Sie hat Angst. Sie muss das Geld verstecken (hide). Sie **versteckt sich** mit dem Geld in einem großen Koffer. Die Männer nehmen den Koffer mit und steigen in ein Kreuzfahrtschiff ein. Der Koffer ist auf dem Schiff. Die Frau macht den Koffer auf und bemerkt, dass sie in der Mitte des Ozeans sind. Das Kreuzfahrtschiff fährt mit Höchstgeschwindigkeit.

Der Papst (the Pope*) ist auch auf dem Kreuzfahrtschiff. Er bittet alle Passagiere um Spenden für die Armen. Die Frau gibt dem Papst fast $4.000.000. Jetzt hat sie nur $1.000.000. **Insgesamt** hat der Papst $6.000.000 an Spenden bekommen. Die Mafiamänner merken, dass die Frau dem Papst sehr viel Geld gegeben hat. Dann erkennen (recognize) sie die Putzfrau. Sie planen, sie zu **töten**. Die Frau merkt, dass die Mafiamänner sie erkannt haben (recognized).

Sie bezahlt dem Kapitän $1.000.000 und er gibt ihr ein Rennboot, das auf dem Kreuzfahrtschiff ist. Es ist ein sehr schnelles Rennboot. Sie fährt mit Höchstgeschwindigkeit weg.

Die Mafiamänner bemerken nicht, dass sie weg ist. Sie fährt mit Höchstgeschwindigkeit von der Mitte des Ozeans nach Miami. Die Frau kommt in Miami an und hat kein Geld, aber sie ist glücklich.

Sie arbeitet für einen reichen Mann als Putzfrau. Eines Tages putzt sie das Schlafzimmer und bemerkt viele **Juwelen** auf dem Nachttisch (night stand). Sie stiehlt die Juwelen nicht. Sie putzt weiter und singt. Sie ist arm, aber sie ist glücklich.

English meaning of words in bold type

der Dollarschein = the dollar bill
die Matratze = the mattress
$100-Scheine = hundred-dollar bills
insgesamt = all together
versteckt sich = hides (herself)   sich verstecken = to hide
(oneself)töten = to kill
die Juwelen = the jewels

Beantworte die folgenden Fragen.

1. Was findet die Putzfrau in der Matratze?
2. Wo versteckt sich (hides) die Putzfrau?
3. Wer bittet auf dem Kreuzfahrtschiff um Spenden?
4. Was fährt mit Höchstgeschwindigkeit?
5. Wo verlässt (departs) die Putzfrau das Kreuzfahrtschiff?
6. Wohin fährt sie mit Höchstgeschwindigkeit?

Supplemental story #3

Target words and phrases

die Spenden = the donations
die Spende = the donation
das Rennboot = the speed boat
mit Höchstgeschwindigkeit = at top speed
in der Mitte des Ozeans = in the middle of the ocean
das Kreuzfahrtschiff = the cruise ship
das Schiff = the ship
die Putzfrau = cleaning lady
der Koffer = the suitcase

bemerkt = notices	bemerken = to notice something with one of the five senses (usually the eyes)
merkt = notices	merken = to notice or realize something indirectly/to realize something indirectly. The recognition can occur through the senses or observation, but also through intuition.

In summary: bemerken is used when you use your eyesight; merken is used for deeper, more intuitive things than cannot necessarily be picked up visually (alone).

Annie ist Putzfrau

Annie ist Putzfrau sie geht in der Stadt spazieren. Shannon ist Bettler. Shannon sitzt auf dem **Gehsteig**. Er hat ein Schild, darauf steht: „Spenden Bitte." Er hält einen **Zinnbecher**. Annie bemerkt den Bettler, aber sie gibt ihm keine Spende. Annie hat kein Geld und gibt keine Spenden. Andere Leute gehen an Shannon vorbei, aber sie bemerken ihn nicht.

Annie geht weiter. Plötzlich bemerkt sie einen Lottoschein auf dem Gehsteig. Am nächsten Tag gewinnt $5.000.000. Sie geht zur Bank. Sie **zahlt** nicht **das gesamte Geld ein**. Sie **zahlt 90% des Geldes ein**. Sie geht schnell zum Bettler und gibt ihm viel Geld.

Seid sie ein Kind ist, hat sie von einem Rennboot geträumt. Sie hat immer vom Ozean geträumt. Sie hat geträumt, dass sie eines Tages mit Höchstgeschwindigkeit bis zur Mitte des Ozeans fährt. Sie liebt den Ozean und liebt Rennboote.

Am nächsten Tag fliegt sie nach Miami und kauft ein teures Rennboot. Das Rennboot kostet $1.000.000. Leider ist sie leichtsinnig (irresponsible/careless). Sie fährt ab **ohne** essen, ohne Wasser, ohne einen Koffer mit Kleidung. Sie hat auch nur einen halben Tank **Benzin**. Sie **kennt sich nicht aus** mit dem Radio und dem Navigationssystem.

Sie fährt auf dem Ozean mit Höchstgeschwindigkeit. **Nun befindet sie sich** in der Mitte des Ozeans und hat kein mehr Benzin. Es ist **einsam** in der Mitte des Ozeans. Sie ist **durstig**. Sie ist hungrig. Sie ist in Panik.

Kurzdarauf bemerkt sie ein Kreuzfahrtschiff **in der Ferne**. Ein Kreuzfahrtschiff kommt auf sie zu. Es fährt mit Höchstgeschwindigkeit. Sie ist glücklich. Aber, niemand auf dem Kreuzfahrtschiff bemerkt Annie. Das Kreuzfahrtschiff fährt über das Rennboot. Das Rennboot sinkt. Annie ist nicht **verletzt**, aber sie ist im Wasser und macht das Hundepaddeln. Sie ist wieder in Panik.

Mittlerweile in Berlin, hatte Shannon einen Traum. Im Traum möchte er ein Rennboot kaufen und mit Höchstgeschwindigkeit zur Mitte des Ozeans fahren. Er ist aufgewacht. Er hat geglaubt: ***„Das ist ein Zeichen von Gott.“***

Er kauft **gleich** einen Flugschein und fliegt nach Miami. Er kauft ein Rennboot. Er hat extra Benzin, Essen, und **wasserdichte Kleidung**. Er hat auch einen kleinen Koffer. Er ist nicht leichtsinnig. Er kennt sich mit dem Radio und dem Navigationssystem aus. Er fährt mit Höchstgeschwindigkeit zur Mitte des Ozeans. Kurzdarauf befindet er sich in der Mitte des Ozeans. Er bemerkt Annie und rettet sie.

Annie kniet sich hin und küsst seine Füße. Er merkt, dass sie dankbar ist.

Meaning of words in bold type

der Gehsteig = sidewalk also: der Bürgersteig = sidewalk
der Fußweg = sidewalk
der Zinnbecher = tin cup der Becher = cup (especially without handle/mug)
zahlt…ein = deposits Geld einzahlen = to deposit money
zahlt das gesamte Geld ein = deposits all of the money
einzahlen = to deposit
zahlt 90% des Geldes ein = deposits 90% of the money
ohne = without
das Benzin = gasoline

kennt sich nicht aus = to not know how to operate

sich auskennen = to know how to operate/to understand

nun befindet sie sich = now she is located/now she finds herself

sich befinden = to be located

einsam = lonely

durstig = thirsty

kurzdarauf = shortly thereafter

in der Ferne = in the distance

verletzt = injured verletzen = to injure hat…verletzt = injured

narrative past: verletzte = injured

Das ist ein Zeichen von Gott. = That is a sign from God.

gleich = immediately/right away

wasserdichte Kleidung = water proof clothing

Geschichte 16

Target words and phrases

Er will eine Reise machen. = He wants to take a trip.

steckt = puts (puts into) stecken = to put into

der Koffer = the suitcase

fliegt …ab = takes off (airplane) abfliegen = to take off

Er geht an den Strand. = He walks to the beach. (accusative case, hence „**den** Strand")

Hans will eine Reise machen

Hans will eine Reise machen. Er will nach Brasilien reisen. Er will nicht allein reisen, aber er will keine normale Reise machen. Er will mit keinem Menschen reisen. Er will mit seinem **Haustier** reisen. Aber er hat kein normales Haustier. Sein Haustier ist eine Kuh. Er will eine Reise mit seiner Kuh machen, weil er seine Kuh liebt.

Seine Kuh ist keine normale Kuh. Die Kuh ist eine **Zwergkuh**. Die Kuh ist so groß wie ein kleiner Hund. Er fragt sich: „Wie kann ich mit der Kuh eine Reise machen?" Er **entscheidet sich,** die Kuh in seinen großen Koffer zu stecken. Er macht **Löcher** in den großen Koffer, so dass die Kuh **Luft** bekommt. Er steckt seine Reiseklamotten in seinen Koffer und in die Mitte des Koffers steckt er die kleine Kuh.

Er kauft einen Flugschein per Internet und fährt zum Flughafen. Die kleine Kuh hat aber Angst und sagt: „Muh, muh, muh!" Hans **entscheidet sich,** die Kuh in seinen kleinen Koffer zu stecken. Er nimmt den kleinen Koffer mit sich ins Flugzeug. Der kleine Koffer ist Handgepäck (carry-on baggage).

Das Flugzeug fliegt ab. Die Kuh steckt ihren Kopf aus dem kleinen Koffer und schaut aus dem **Fenster**. Die Kuh denkt: „Es ist toll, wenn Kühe fliegen."

Hans ist ins falsche Flugzeug eingestiegen. Leider fliegt Hans mit dem falschen Flugzeug ab und sein großer Koffer fliegt mit dem richtigen Flugzeug ab. Das Flugzeug, in dem er abgeflogen ist, fliegt nach Mumbai, Indien. Während des Fluges denkt er oft: „Es wird Spaß machen, an den Strand zu gehen. Es wird Spaß machen, mit meiner Kuh an den Strand zu gehen."

Als er merkt, dass er mit dem falschen Flugzeug **abgeflogen ist**, denkt er: „Du meine Güte! **Ich bin** mit dem falschen Flugzeug **abgeflogen**. Was soll ich tun? Mein großer Koffer **ist** mit dem richtigen Flugzeug **abgeflogen**. Meine Reiseklamotten und mein Geld **sind** mit dem großen Koffer **abgeflogen**."

Die Stewardess (auch – Flugbegleiterin) kommt vorbei und sieht die kleine Kuh. Hans denkt, dass sie ihm Probleme machen wird, aber sie lächelt. Die Stewardess geht zum Piloten und erzählt ihm von der kleinen, süßen Kuh.

Nach vielen Stunden landet das Flugzeug. Eine große Band und Tausende von Hindus sind am Flughafen. Alle wollen die kleine Kuh sehen. Hans ist der Gast des **Bürgermeisters** und viele Leute geben ihm Spenden. **Insgesamt** bekommt er $3.000.000 in Spenden.

Nach zwei Wochen Urlaub fliegt Hans wieder nach Hause. Aber als er abfliegt, sitzt die kleine Kuh neben ihm. Sie muss **diesmal** nicht ihren Kopf aus dem Koffer stecken. Sie hat ihren **eigenen Sitz** neben dem **Fenster**. Die Kuh **lebt den Rest ihres Lebens wie eine Königin.** Während des Fluges denkt Hans: „Ich bin nie an einen Strand gegangen, aber es war ein toller Urlaub."

English meaning of words in bold type

das Haustier = the pet
die Zwergkuh = pygmy cow — der Zwerg = the dwarf
entscheidet sich = decides
die Löcher = the holes — das Loch = the hole
die Luft = the air
das Fenster = the window
ist…abgeflogen = took off (singular)
ich bin…abgeflogen = I took off
sind…abgeflogen = took off (plural)
der Bürgermeister = the mayor
insgesamt = all together
diesmal = this time
eigenen Sitz = own seat
lebt den Rest ihres Lebens wie eine Königin = lives like a queen for the rest of her life

Beantworte die folgenden Fragen.

1. Wohin will Hans eine Reise machen?
2. Wohin steckt er die kleine Kuh?
3. Fliegt er im richtigen Flugzeug ab?
4. Wie lange ist Hans im Urlaub?
5. Geht er in Indien an den Strand?

Geschichte 17

Target words and phrases

Er will eine Reise machen. = He wants to take a trip.
der Koffer = the suitcase
fliegt …ab = takes off (airplane)   abfliegen = to take off
Er geht am Strand entlang. = He walks along the beach.
geht am Strand spazieren = walks on the beach
begeistert = thrilled, enthused

Mallorca

Es ist Januar. Wolfhard wohnt in **Rostock**. Rostock ist kalt im Winter und er will eine Reise machen. Er will eine Reise nach Spanien machen. Er will eine Reise nach Mallorca machen. Er denkt: „Wenn ich in Mallorca bin, wird es warm sein und ich werde Spanisch lernen." Als er seinen Urlaub plant, ist er ganz begeistert. Er ist sehr begeistert, weil er noch nie in Mallorca im Urlaub war.

Er kauft zwei Flugscheine, einen für sich und einen für seine Frau Wiebke. Am Morgen des Fluges packen er und seine Frau vier Koffer. Ihre Tochter Monika fährt sie nach Berlin. Von Berlin fliegen sie direkt nach Mallorca. Das Flugzeug fliegt ab und beide sind sehr begeistert.

Nach zwei Stunden landet das Flugzeug in Mallorca. Die Sonne scheint und es ist schön warm. Wolfhard und Wiebke fahren zu ihrem Hotel und gehen zu ihrem Zimmer. Das Hotel ist wunderbar, aber alle Leute im Hotel sprechen Deutsch.

Sie gehen an den Strand und sie sind ganz begeistert. Die Sonne scheint, es ist warm, und sie werden Spanisch lernen. Sie gehen am Strand entlang und sie sprechen mit einem alten **Ehepaar**. Das Ehepaar ist aus Deutschland. Sie gehen wieder am Strand spazieren und sie sprechen mit Leuten am Strand. Die Leute sind auch Deutsche.

Wolfhard und Wiebke gehen zwei Stunden am Strand spazieren. Jeder, den sie treffen, ist Deutscher. Wolfhard ist nicht begeistert. Er denkt, dies ist wie Deutschland, nur die Sonne scheint und es ist warm.

Schließlich gehen sie zurück zum Hotel. Sie gehen ins Restaurant und der Kellner kommt. Der Kellner ist Spanier, aber er spricht Deutsch mit ihnen. Wolfhard ist nicht begeistert. Er ist **enttäuscht**. Er sagt zum Kellner: „Ich will Spanisch lernen. Ich dachte, weil Mallorca eine spanische Insel ist, spricht man Spanisch in Mallorca." Der Kellner lacht und sagt: „Es gibt so viele Deutsche, die nach Mallorca in Urlaub gehen, dass wir alle Deutsch sprechen. Im Winter ist Mallorca das siebzehnte **Bundesland** Deutschlands."

English meaning of words in bold type

Mallorca = an island off the coast of Spain. It is a favorite tourist destination for Germans.

Rostock = a city in Germany on the Baltic Sea Coast (die Ostsee). It is in the Bundesland (State) of Mecklenburg-Vorpommern, located in the former East Germany.

das Ehepaar = married couple

enttäuscht = disappointed

das Bundesland = (federal) state
Germany has 16 Bundesländer or states.

Beantworte die folgenden Fragen.

1. Was will Wolfhard in Mallorca lernen?
2. Wer macht die Reise nach Mallorca?
3. Welche Sprache muss Wolfhard in Mallorca sprechen?
4. In welchem Bundesland ist Rostock?

Geschichte 18

No target words or phrases

No new target words or phrases

Ignorieren macht Spaβ

Hans ist in der Schule und kommt von der Toilette zurück. Er merkt nicht, dass ein Stück Toilettenpapier an seiner Hose hängt. **Den ganzen Tag lächeln** ihn alle Schüler **an**. Niemand sagt ihm etwas von dem Toilettenpapier. Seine Freunde ignorieren das Toilettenpapier und sagen ihm nichts.

Endlich geht er nach Hause. Da **entdeckt** er das Toilettenpapier. Er ist sauer. Er ist böse auf seine Freunde.

Am nächsten Tag redet Hans mit seinem guten Freund Rolf. Sie reden ein bisschen. Dann sagen sie: „Tschüss", drehen sich um und gehen weg. Als Rolf sich umdreht und weggeht, steckt Hans ein langes Stück Toilettenpapier unter Rolfs **Gürtel**. Den ganzen Tag geht Rolf herum und das Toilettenpapier hängt aus seiner Hose. Alle Schüler ignorieren das Toilettenpapier und sagen ihm nichts. Sie sagen nichts, aber sie **lächeln** ihn immer **an**. Am Abend zieht sich Rolf aus. Da **entdeckt** er das Toilettenpapier. Er ist sauer. Am nächsten

Tag kommt Rolf zur Schule und denkt: „Heute werde ich Spaß haben."

Rolf hat ein langes Stück Toilettenpapier in der Hand und wartet auf den richtigen **Augenblick**. Endlich kommt der richtige **Augenblick**. Er sieht, dass Hans mit einem Mädchen spricht. Rolf geht langsam zu Hans und will das Papier unter Hans' **Gürtel** stecken. Plötzlich geht das Licht aus. Es ist dunkel. Es gibt einen **Stromausfall**. Es ist ganz dunkel in der Schule. Er denkt: „Hurra! Jetzt kann ich schnell zu ihm gehen und das Toilettenpapier unter seinen Gürtel stecken."

Rolf steckt das Papier unter einen Gürtel. Plötzlich geht das Licht wieder an. Aber Hans steht nicht vor Rolf. **Der Schuldirektor** steht vor ihm. Er hat das Toilettenpapier unter den Gürtel des Schuldirektors gesteckt. Der Schuldirektor schaut ihn sehr böse an.

Rolf nimmt das Toilettenpapier schnell vom Gürtel des Schuldirektors und sagt: „Entschuldigung. Ich **habe** mein Kleenex® (deutsche Version: Tempo) **verlegt**. Ich muss **meine Nase putzen**." Er putzt seine Nase sehr laut und sagt: „Danke." Der Schuldirektor schaut ihn **immer noch** böse an. Rolf **schwitzt** und seine Knie **zittern**. Der Direktor schaut ihn immer noch böse an. Endlich lacht der Direktor und geht weg. Rolf schwitzt immer noch.

English meaning of words in bold type

Den ganzen Tag = all day
ganz = all, complete
lächeln…an = smile at
anlächeln = to smile at
entdeckt = discovers
entdecken = to discover
der Gürtel = the belt
der Augenblick = the moment
der Stromausfall = power outage
der Schuldirektor = school principal

ich habe…verlegt = I misplaced verlegen = to misplace
meine Nase putzen = blow my nose
immer noch = still
schwitzt = sweats schwitzen = to sweat
zittern = to quiver, tremble, shake

Beantworte die folgenden Fragen.

1. Was hat Hans entdeckt?
2. Warum haben die Schüler Hans angelächelt?
3. Wohin hat Hans das Toilettenpapier gesteckt?
4. Hat Rolf einen großen Fehler gemacht?
5. Was war Rolfs Fehler?
6. Wer hat Rolf böse angeschaut?

Geschichte 19

Target words and phrases
sie ignorieren = they ignore
will ignorieren = wants to ignore
entdeckt = discovers
sie hat…vergessen = she forgot

Die Frau will nicht arbeiten

Frau Müller lebt in Los Angeles, Kalifornien und **fährt gerade* zur Arbeit**. Für LA ist es ein **ungewöhnlich** kalter Wintertag und sie will nicht arbeiten. Sie will eine Urlaubsreise machen. Während sie im **Stau** wartet, ruft ihre **Chefin** an. Frau Müller will das **Klingeln** ignorieren, aber sie kann es nicht ignorieren. Sie nimmt ihr Handy und antwortet: „Müller." Ihre Chefin sagt: „Es tut mir Leid, aber Sie müssen eine **Geschäftsreise** nach Oakland machen."

„Oakland ist noch kälter als LA", denkt Frau Müller. Frau Müller will ihre Chefin ignorieren. Aber sie fährt nach Hause und packt ihren Koffer. Während sie zum Flughafen fährt, denkt sie: „Ich will in Urlaub gehen und an einen warmen Strand gehen, **anstatt** nach Oakland zu fliegen. Und dann will ich am Strand **entlang gehen**. Und dann will ich am Strand in der Sonne liegen und **braun werden**."

Leider muss Frau Müller zum Flughafen fahren. Sie geht zum Schalter, aber der Flug ist **verspätet**. Sie sitzt im Flughafen und schläft ein. Sie wacht auf und steigt in ein Flugzeug ein. Leider hat sie ihr Handgepäck (carry on baggage) im Flughafen vergessen. Sie hat nicht **gleich** entdeckt, dass sie ihr Handgepäck vergessen hat.

Das Flugzeug fliegt ab. Sie denkt, das Flugzeug fliegt nach Oakland, Kalifornien.

Einige Stunden später denkt die Frau: „Mensch, dieser Flug ist lang" und sucht ihr Handgepäck. Dann entdeckt sie, dass sie das Handgepäck im Flughafen vergessen hat. Sie redet mit der Stewardess (**Flugbegleiterin**) und erzählt ihr, dass sie ihr Handgepäck vergessen hat. Sie fragt dann: „Wann kommen wir in Oakland an?"

Die Stewardess antwortet: „Wir kommen in Auckland, Neuseeland in acht Stunden an."

Frau Müller weiß jetzt, dass sie einen Fehler gemacht hat. Sie ist in das falsche Flugzeug eingestiegen. Sie ist ganz begeistert. Sie denkt: „Ich werde in Urlaub gehen. Ich werde am Strand liegen und braun werden."

Als Frau Müller bei der **Gepäcksausgabe** wartet, entdeckt sie, dass sie kein Geld hat. Sie hat jetzt kein Geld und kann nicht an den Strand gehen. Sie **entscheidet sich,** vor dem Flughafen zu stehen und um Spenden zu bitten. Viele Leute ignorieren sie. Glücklicherweise geben ihr manche Leute eine Spende. Schließlich bekommt sie genug Geld für ein Hotelzimmer und sie kann auch an den Strand gehen.

Sie kauft einen Badeanzug und geht an den Strand. Es ist Sommer in Auckland und der Strand ist wunderschön. Sie liegt am Strand, wird braun und ist glücklich.

English meaning of words in bold type

fährt gerade* zur Arbeit = is driving to work
ungewöhnlich = unusually
der Stau = the traffic jam
die Chefin = boss (female) der Chef = boss (m)
klingeln = to ring
die Geschäftsreise = business trip
anstatt = instead
entlang gehen = walk along
braun werden = get a tan
verspätet = late, tardy
gleich = right away, immediately
einige = a few
die Flugbegleiterin = the stewardess
die Gepäcksausgabe = baggage claim
entscheidet sich = decides refexive verb - decides "herself"

The word "gerade"does not need to be translated; however, someone fluent in German would say "fährt gerade* zur Arbeit." "Gerade" has several meanings. In this case it has the meaning "just now." But that meaning is contained in the English translation "is driving to work. "
The idea for the above story comes from an actual occurrence. A foreign gentleman wanted to fly to Oakland, California from LA. He heard the announcement for Auckland (New Zealand). Nobody checked his ticket closely when he boarded the plane. A flight from LA to Auckland is 12

hours and 40 minutes. Many hours into the flight he asked the flight attendant about the length of the flight. She then discovered the error and told the pilot. The pilot thought it was funny and radioed the Auckland airport. Somehow the mayor of Auckland found out about the unexpected visitor. When the gentleman deplaned in Auckland the mayor of the city gave him a ceremonial key to the city, a band played, and his arrival was cheered by citizens who had also heard about his unexpected visit. The city put him up in a hotel for free and he flew back to California the next day.

Geschichte 20

Target words and phrases

ohne = without

riecht nach = smells of/smells like

Pfui! = Ugh! Disgusting!

Die Frau und ihr Hund

Eine alte Frau hat einen kleinen Hund. Sie geht überall mit ihrem Hund hin. Sie **geht nirgendwohin** ohne ihren Hund, weil sie ohne ihren Hund unglücklich ist. Sie will nach Deutschland reisen, aber sie hat nicht **genug** Geld, um einen Flugschein für den Hund zu kaufen. Sie kauft einen Flugschein bei einem Reisebüro (travel agency) und fährt zum Flughafen. Sie steckt den Hund in ihren Koffer. Sie steigt in das Flugzeug ein und sie fliegt ab.

Aber es gibt ein Problem. Der Flug ist sehr lang und der Hund pinkelt in den Koffer. Die Frau kommt in Frankfurt an und geht zur Passkontrolle (passport inspection). Sie macht den Koffer auf. Während der Zollbeamte (customs officer) wegschaut, nimmt sie schnell ihren Hund aus dem Koffer und steckt ihn in ihre Handtasche. Der Zollbeamte sagt: “Pfui! Ihr Koffer riecht nach Urin” und er **durchsucht** ihre Kleider. Die Kleider sind nass. Er fragt sie: „Warum sind ihre Kleider nass? Und warum riechen sie nach Urin?“

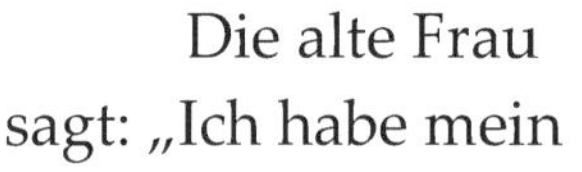

Die alte Frau sagt: „Ich habe mein Parfüm verschüttet (spilled). Ich **gehe nirgendwohin** ohne mein Parfüm.“

Der Zollbeamte fragt sich: „Pfui! Ihr Parfüm riecht nach Hundeurin?“ Weil er nichts Illegales findet, sagt er endlich: „OK. Sie können gehen.“ Als die Frau mit ihrem Koffer weggeht, sagt er: „Sie **sollten** wirklich (really) ein anderes Parfüm **kaufen**.“

Die Frau fährt dann mit dem Zug an die Ostsee. Während der Fahrt trinkt ihr Hund viel Wasser. Sie steckt den Hund in ihre Handtasche. Der Zugbegleiter (conductor) kommt vorbei. Die alte Frau macht die Handtasche auf und nimmt die Bahnfahrkarte (train ticket) heraus. Sie gibt dem Zugbegleiter die Bahnfahrkarte. Die Bahnfahrkarte ist aber nass, weil der Hund in die Handtasche gepinkelt hat. Der Zugbegleiter findet es sehr komisch, dass die Bahnfahrkarte nass ist. Die Bahnfahrkarte riecht nach Urin. Schließlich fragt er: „Warum ist ihre Bahnfahrkarte nass?"

Die alte Frau sagt: „Es tut mir leid, aber ich habe meinen Tee verschüttet. Ich **gehe nirgendwohin** ohne Tee."

Als er weggeht sagt er: „ Sie **sollten** einen besseren Tee **kaufen**." Die alte Frau ignoriert die Bemerkung (remark).

Die Frau kommt an der Ostsee an und fährt zu einem Hotel, das am Strand ist. Sie merkt, dass alle ihre Kleider nach Urin riechen. Sie riecht ihren Badeanzug. Ihr Badeanzug riecht auch nach Urin. Sie denkt: „Pfui! Ich will nicht nach Urin riechen. Was soll ich tun?" Sie geht zum Fenster und entdeckt einen **Kleidungsladen**. Sie kauft einen Badeanzug und geht an den Strand. Sie geht am Strand spazieren, legt sich hin und **lässt sich braun werden**. Ihr Hund ist mit ihr am Strand, denn sie **geht nirgendwohin** ohne ihren Hund.

English meaning of words in bold type

geht nirgendwohin = goes nowhere

(„hin" denotes motion; ergo, the accusative case).

genug = enough

durchsucht = searches through

sollten…kaufen= should buy

der Kleidungsladen = clothes store

lässt sich braun werden = gets a tan

braun werden lassen = to tan

Beantworte die Fragen auf Deutsch.

1. Warum reist die Frau mit ihrem Hund?
2. Was macht der Hund im Koffer und in ihrer Handtasche?

3. Glaubt der Zollbeamte (customs officer), dass die Frau gutes Parfüm hat?
4. Wie fährt die Frau zur Ostsee?
5. Was kauft sie in einem Klamottenladen?
6. Wonach (of what/like what) riecht der Koffer der alten Frau?

Geschichte 21-1

Target words and phrases

merkt = notices merken = to notice
geht fischen/angeln = goes fishing
eine große Welle kommt = a big wave comes
die Welle = the wave
trifft = strikes/hits treffen = to meet

Wassernixenliebe

(Present tense – same story follows in conversational past)

Ein Mann geht fischen (or angeln). Er ist im Urlaub und er will angeln. Er steigt in ein Boot ein und fischt (or angelt). Ein starker Wind kommt und **bläst** drei Tage lang. Nach drei Tagen befindet er sich in der Mitte des Ozeans. Plötzlich kommt eine große Welle. **Oben auf** der großen Welle surft ein großer Fisch. Aber es ist kein Fisch. Es ist ein Killerwal. Der Killerwal macht seinen großen Mund auf und frisst den Mann. Der Mann **befindet sich nun im Bauch des Killerwals.** Eine andere große Welle kommt, aber der Mann merkt sie nicht, weil er im Bauch des Killerwals ist.

Der Mann ist sehr unglücklich. Er weiß, dass er **sterben wird**, weil er im Bauch des Killerwals ist. Aber eine **Wassernixe** sieht, dass der Killerwal den Mann frisst. Sie ist eine Navy-Seal-Wassernixe. Sie schwimmt dem Killerwal nach. Sie nimmt ein großes Messer aus ihrer **Wassernixenhandtasche**. Es ist ein spezielles (or **besonderes**“) Unterwassermesser, das sehr **scharf** ist.

Aber der Killerwal schwimmt sehr schnell. Sie kann ihn

nicht fangen. Sie wirft das Messer auf den Killerwal und trifft seine Nase. Der Killerwal **erbricht sich** und der Mann ist im Wasser. Die Nase des Killerwals tut weh, aber sie blutet nicht. Der Killerwal schwimmt schnell weg. Die Wassernixe hilft dem Mann zu seinem Boot. Er kriecht in das Boot. Der Mann sagt: „Danke, Sie haben mich gerettet.“ Der Mann merkt, wie schön die Wassernixe ist. Sie merkt, wie gut er aussieht. Sie springt in sein kleines Boot und umarmt ihn. Sie küssen sich. Er denkt: „Wassernixenliebe ist wunderbar.“

Sie denkt: „Dieser Mann ist wunderbar.“

Plötzlich kommt ein Kreuzfahrtschiff und fährt neben das kleine Boot. Eine große Welle kommt und trifft das kleine Boot. Das kleine Boot wird voll Wasser. Der Mann fällt ins Wasser, aber er kann nicht schwimmen. Die Wassernixe rettet ihn noch einmal. Die Wassernixe sagt zu dem Mann: „Ich mag keinen Mann, der nicht gut schwimmen kann. Du bist nicht der Mann für mich.“ Sie schwimmt weg. Der Mann ist sehr traurig.

Aber der Mann ist nicht sehr lange traurig. Seine **Angelrute** ist **immer noch** im Boot. Er fischt wieder. Er fischt gern. Er denkt: „Vielleicht fange ich einen sehr großen Fisch.“ Der Mann ist sehr glücklich. Er denkt: „Dieser Urlaub ist nicht langweilig. Dieser Urlaub macht Spaß.“

English meaning of words in bold type

bläst = blows — blasen = to blow
oben auf = up on
befindet sich nun im Bauch des Killerwals = is now in the belly of the killer whale
sterben wird = will die
die Wassernixe = the mermaid
die Wassernixenhandtasche = mermaid purse
besonderes = spezial
scharf = sharp
erbricht sich = vomits — kotzt = pukes (in everyday language)
die Angelrute = the fishing pole
immer noch = still

Beantworte die folgenden Fragen.

1. Warum befindet sich der Mann in der Mitte des Ozeans?
2. Was macht der Killerwal mit dem Mann?
3. Wer rettet den Mann?
4. Warum kommt eine zweite große Welle?
5. Am Ende der Geschichte mag die Wassernixe den Mann nicht. Warum mag sie ihn nicht?
6. Bleibt der Mann lange unglücklich?

Geschichte 21 – 2

Target words and phrases

hat…gemerkt = noticed merken = to notice
ist…fischen/angeln gegangen = went fishing
eine große Welle ist gekommen = a big wave came
die Welle = the wave
hat…getroffen = struck, hit treffen = struck, to hit

Wassernixenliebe

(conversational past)

Ein Mann ist fischen (or angeln) gegangen. Er war im Urlaub und er **wollte** angeln. Er ist in ein Boot gestiegen und hat gefischt (or geangelt). Ein starker Wind ist gekommen und **hat** drei Tage lang **geblasen**. Nach drei Tagen hat er sich in der Mitte des Ozeans befunden. Plötzlich ist eine große Welle gekommen. **Oben auf** der großen Welle ist ein großer Fisch gesurft. Aber es war kein Fisch. Es war ein Killerwal. Der Killerwal hat seinen großen Mund aufgemacht und hat den Mann gefressen. Der Mann **hat sich im Bauch des Killerwals befunden**. Eine andere große Welle ist gekommen, aber der Mann hat sie nicht gemerkt, weil er im Bauch des Killerwals war. Der Mann war sehr unglücklich. Er **wusste**, dass er **sterben wird**, weil er im Bauch des Killerwals war. Aber eine **Wassernixe** hat gesehen, dass der Killerwal den Mann gefressen hat. Sie war eine Navy-Seal-Wassernixe. Sie **ist** dem Killerwal **nachgeschwommen.** Sie hat ein großes Messer aus ihrer **Wassernixenhandtasche** genommen. Es war ein spezielles Unterwassermesser, das sehr **scharf** war.

Aber der Killerwal ist sehr schnell geschwommen. Sie

konnte ihn nicht fangen. Sie hat das Messer auf den Killerwal geworfen und hat seine Nase getroffen. Der Killerwal **hat sich erbrochen** und der Mann war im Wasser. Die Nase des Killerwals hat wehgetan, aber sie hat nicht geblutet. Der Killerwal ist schnell weggeschwommen. Die Wassernixe **hat** dem Mann zu seinem Boot **geholfen**. Er ist in das Boot gekrochen. Der Mann hat gesagt: „Danke, Sie haben mich gerettet." Der Mann hat gemerkt, wie schön die Wassernixe war. Sie hat gemerkt, wie gut er ausgesehen hat. Sie ist in sein kleines Boot gesprungen und hat ihn umarmt. Sie haben sich geküsst. Er hat gedacht: „Wassernixenliebe ist wunderbar."

Sie hat gedacht: „Dieser Mann ist wunderbar."

Plötzlich ist ein Kreuzfahrtschiff gekommen und ist neben das kleine Boot gefahren. Eine große Welle ist gekommen und hat das kleine Boot getroffen. Das kleine Boot wurde voll Wasser. Der Mann ist ins Wasser gefallen, aber er konnte nicht schwimmen. Die Wassernixe hat ihn noch einmal gerettet. Er ist wieder nicht ertrunken. Die Wassernixe hat zu dem Mann gesagt: „Ich mag keinen Mann, der nicht gut schwimmen kann. Du bist nicht der Mann für mich." Sie ist weggeschwommen. Der Mann war sehr traurig.

Aber der Mann war nicht sehr lange traurig. Seine **Angelrute** war **immer noch** im Boot. Er hat wieder gefischt. Er hat gern gefischt. Er hat gedacht: „Vielleicht fange ich einen sehr großen Fisch." Der Mann war sehr glücklich. Er hat gedacht: „Dieser Urlaub ist nicht langweilig. Dieser Urlaub macht Spaß."

English meaning of words in bold type

wollte = wanted to
hat…geblasen = blew
oben auf = up on
hat sich im Bauch des Killerwals befunden = was now in the belly of the killer Whale
wusste = knew
sterben wird = will die
die Wassernixe = the mermaid
ist…nachgeschwommen = swam after
die Wassernixenhandtasche = mermaid purse
scharf = sharp
hat sich erbrochen = vomited   sich erbrechen = to vomit
hat…gekotzt = puked (in everyday language)
hat…geholfen = helped
die Angelrute = the fishing pole
immer noch = still

Beantworte die folgenden Fragen.

1. Was hat der Killerwal mit dem Mann gemacht?
2. Wer hat den Mann gerettet?
3. Warum ist eine zweite große Welle gekommen?
4. Am Ende der Geschichte hat die Wassernixe den Mann nicht gemocht. Warum hat sie ihn nicht gemocht?
5. Ist der Mann lange unglücklich geblieben?

Geschichte 22

Target words and phrases

ist…gesunken = sank (singular) sinken = to sink
sind…gesunken = sank (plural)
leer = empty
voll = full (of)
das Loch = the hole
die Löcher = the holes

Die Gummienten

Ein **berühmter** Popstar hat in seiner großen, teuren **Badewanne** gespielt. Seine Badewanne war voll Wasser. Er hat mit vielen kleinen, gelben **Gummienten** gespielt. Er war sehr begeistert. Die Enten sind auf dem Wasser geschwommen. Er hat große Wellen gemacht. Die Wellen waren zu hoch und Wasser ist auf den Fußboden gespritzt. Weil es keine Löcher im Fußboden gab, gab es viel Wasser auf dem Fußboden.

Aber die Gummienten hatten kleine Löcher. Wasser **ist** in die Löcher **geflossen**. Die Gummienten sind gesunken. Der berühmte Popstar hat geweint, weil die Gummienten gesunken sind. Das Fenster war offen und **eine echte Ente** ist in das Badezimmer geflogen und ist in der Badewanne gelandet. Die Ente hat die Gummienten unter dem Wasser gesehen. Sie hat gedacht, dass der berühmte Popstar die Babyenten (or die Entchen) **ertränkt hat**. Die Ente war böse auf den berühmten Popstar und hat ihn in die Nase gebissen.

Der berühmte Popstar ist aus der Badewanne gesprungen und ist aus dem Badezimmer gelaufen. Er **hat Zeter und Mordio geschrien**. Die Wellen in der Badewanne waren sehr groß. Obwohl die Wellen groß waren, **hat** die Ente

versucht, die Gummienten mit **Mund-zu-Mund-Beatmung** (or **Schnabel-zu-Schnabel**) zu retten. Schließlich hat sie gemerkt, dass jede Gummiente ein Loch hatte und dass sie nicht echte Enten waren.

Gerade dann (just then) ist der berühmte Popstar mit einer Pistole zurückgekommen und hat auf die Ente geschossen. Er hat die Ente nicht getroffen. Er hat die

Badewanne getroffen. Er hat viele Löcher in die Badewanne geschossen. Das Wasser ist aus den Löchern geflossen. Die Ente ist schnell durch das Fenster weggeflogen.

Der berühmte Popstar hat die Pistole auf die Ente geworfen, aber er hat sie nicht getroffen. Die Pistole ist in der Badewanne gelandet und gesunken. Schließlich war die Badewanne leer. Aber das Badezimmer war nicht leer. Das Badezimmer war voll Wasser.

Später ist der berühmte Popstar in seinen Garten gegangen und hat mit seinen Affen gespielt. Er **hat** dann einen

Artikel im People Magazin über sich **gelesen**. Der berühmte Popstar war wieder glücklich.

English meaning of words in bold type

die Gummienten = rubber ducks
berühmt = famous
die Badewanne = the bath tub
ist…geflossen = flowed fließen = to flow
eine echte Ente = a real duck
hat…ertränkt = drowned (somebody) (see * below)
hat Zeter und Mordio geschrien = screamed bloody murder
hat…versucht = attempted, tried versuchen = to try
Mund-zu-Mund-Beatmung = mouth to mouth resuscitation
Schnabel-zu-Schnabel = beak to beak der Schnabel = the beak
hat…gelesen = read lesen = to read

* ertrinken – ertrank – ertrunken = to drown (oneself)
* ertränken – ertränkte – ertränkt = to drown (sb. else)

Beantworte die folgenden Fragen.

1. Spielst du mit Gummienten in deiner Badewanne?
2. Machst du große Wellen in deiner Badewanne?
3. Warum war die echte Ente böse auf den berühmten Popstar?
4. Wie hat die Ente dem berühmten Popstar wehgetan?
5. Was hat der berühmte Popstar mit der Pistole gemacht?
6. Würdest du (would you) schreien, wenn eine Ente dir in die Nase beißt?
7. War der berühmte Popstar ein Tierfreund?
8. Bist du ein Tierfreund?
9. Sind manche (some) berühmte Popstars merkwürdig (odd)?

Geschichte 23

Target words and phrases

die ganze Nacht = all night long

sinkt wieder = sinks again sinken = to sink

ist…gesunken = sank

Die Zwillinge

Zwei Jungen waren **Zwillinge**. Sie sind fischen gegangen. Sie hatten ein Rennboot. Beide sind in das Boot eingestiegen. Beide haben die ganze Nacht gefischt. Die ganze Nacht lang gab es keine großen Wellen.

Um zwei Uhr haben sie ein anderes Boot gesehen. Die Menschen in dem Boot haben geschrien: „Hilfe! Hilfe! Unser Boot sinkt." Beide Jungen sind mit Höchstgeschwindigkeit zum anderen Boot gefahren. Bevor das Boot gesunken ist, **haben** sie zwei Mädchen **gerettet**. Die Mädchen **sind** auch Zwillinge **gewesen**. Beide Mädchen sagten: „Ihr habt uns gerettet. Wir sind nicht ertrunken. Wir sind beide sehr dankbar."

Alle sind dann im Rennboot an den Strand einer kleinen **Insel** gefahren. Sie **haben** das Rennboot aus dem Wasser **gezogen** und haben ein **Lagerfeuer** gemacht. Das Feuer hat die ganze Nacht gebrannt. Sie **haben** Fisch **gebraten** und sie haben Fisch gegessen. Beide Paare sind spazieren gegangen. Sie sind am Strand entlang gegangen. Sie sind die ganze Nacht am Strand spazieren gegangen. Am Strand haben die Mädchen ein anderes Boot gefunden. Es war ein Kanu.

Beide Mädchen sind in das Kanu eingestiegen und sind weggefahren. Beide Jungen sind in ihr Boot eingestiegen und sind auch weggefahren.

Plötzlich haben sie eine Welle gesehen. Ein **Schwertfisch** hat die Welle gemacht. Der große Schwertfisch hat das Kanu getroffen und hat ein großes Loch in das Kanu gemacht. Das

Kanu der Mädchen ist gesunken. Sie haben beide geschrien: „Hilfe! Hilfe!. Wir sinken wieder." Die Jungen sind zum Kanu gefahren und haben die Mädchen wieder gerettet. Die Mädchen waren sehr dankbar und haben die Jungen umarmt und geküsst.

Die Jungen sind zur **Anlegestelle** gefahren. Als sie bei der Anlegestelle angekommen sind, haben die Mädchen die Jungen wieder umarmt und geküsst. Die Mädchen sind nach Hause gefahren und die Jungen haben gesagt: „Es macht Spaß, die ganze Nacht zu fischen."

English meaning of words in bold type

die Zwillinge = the twins
haben…gerettet = saved   retten = to save
sind…gewesen = were
die Insel = the island

haben...gezogen = pulled — ziehen = to pull
das Lagerfeuer = the campfire
haben...gebraten = roasted — braten = to roast
der Schwertfisch = the swordfish
die Anlegestelle = the marina

Beantworte die folgenden Fragen.

1. Ist das Rennboot der Jungen gesunken?
2. Wer hat das Loch in das Kanu gemacht?
3. Was haben die Mädchen und die Jungen auf der Insel gegessen?
4. Wie oft haben die Jungen die Mädchen gerettet?
5. Die Mädchen waren dankbar, dass die Jungen sie gerettet haben. Wie haben sie gezeigt (showed), dass sie dankbar waren?

Geschichte 24-1

Target words and phrases

die ganze Nacht = all night
die ganze Nacht lang = all night long

Dorothy

(Present tense - same story follows in conversational past)

Es ist Abend und ein Mädchen ist in ihrer **Badewanne**. Sie heiβt Dorothy und sie wohnt in Kansas. Dorothy trägt einen Badeanzug und spielt mit ihren Gummienten, während sie in der Badewanne ist. Sie ist glücklich. Ihr Hund Toto ist auch mit ihr in der Badewanne. Er schwimmt glücklich herum und macht große Wellen. Die Wellen sind so groß, dass die Badewanne halb leer ist.

Plötzlich kommt ein großer Tornado. Der starke Wind hebt das Haus vom Boden und hebt die Badewanne, Dorothy und Toto in **die Luft**. Die Gummienten und das Wasser fliegen aus der Badewanne. Dorothy und der Hund bleiben in der Badewanne. **Nur noch Dorothy und Toto** sind in der Badewanne.

Dorothy will keine Reise machen, aber die Badewanne fliegt die ganze Nacht. Endlich (schließlich) landet die Badewanne **in der Mitte eines großen Sees**. Als die Badewanne im Wasser landet, macht die Badewanne eine große Welle. Die Badewanne sinkt **fast**, weil sie **fast** voll Wasser ist. Ein **Topf** fällt vom **Himmel** und Dorothy **leert die Badewanne** mit dem Topf **aus.**

Plötzlich kommt ein böser, fliegender Affe. Er fliegt auf Dorothys Kopf und will sie schlagen. Toto springt auf den

Affen und beißt ihn. Er beißt ein großes Loch in das Bein des Affen. Der Affe **schreit Zeter und Mordio** und fliegt weg.

Dann kommt die böse Hexe des Westens. Sie fliegt auf ihrem Besen und lacht böse. Der Hund hat Angst vor der Hexe, aber Dorothy wirft den Topf auf die Hexe. Sie trifft die Hexe. Die Hexe fällt ins Wasser und ertrinkt. Dorothy fischt den **Besen** und die roten Slipper der Hexe aus dem Wasser. Sie zieht die Slipper an und **rudert** die Badewanne mit dem **Besen**.

Dorothy hat vergessen, dass sie nur einen Badeanzug anhat und es ist ihr kalt. Aber dann kommt die gute Hexe des Nordens. Die gute Hexe heißt Glenda. Glenda **berührt** Dorothys Schulter. Plötzlich hat Dorothy sehr elegante Kleider an. Dann **berührt** sie die Badewanne. Die Badewanne ist jetzt ein Rennboot.

Dorothy fährt mit Höchstgeschwindigkeit zum Strand. Sie fährt gegen einen Felsen (large rock). Der Felsen macht ein großes Loch in die Seite des Rennbootes. Das Rennboot sinkt langsam. **Sie wundert sich**: „Wie komme ich nach Hause? Ich werde ertrinken.“ Da hat sie eine Idee. Sie klickt ihre Schuhe zusammen und sagt: „**Zu Hause ist der beste Ort**.“

Plötzlich fliegen Dorothy und Toto zurück nach Kansas. Sie landen im Bett und sie sind glücklich.

English meaning of words in bold type

die Badewanne = the bathtub

die Luft = the air

Nur noch Dorothy und Toto = Only Dorothy and Toto

in der Mitte eines großen Sees = in the middle of a big lake

    der See = the lake   note: die See = sea/ocean

fast = almost

der Topf = the pot

der Himmel = the sky (or heaven)

leert die Badewanne…aus = empties the bath tub

    leert…aus = empties   ausleeren = to empty

schreit Zeter und Mordio = screams bloody murder

der Besen = the broom

rudert = rows
berührt = touches (gently)		berühren = to touch (gently)
fasst…an = touches, but not gently
Sie wundert sich = she wonders	wundern = to wonder
Zu Hause ist der beste Ort = Home is the best place.
der Ort = place, location, municipality

Beantworte die folgenden Fragen.

1. Wie lange fliegen Dorothy und Toto?
2. Was passiert (happens) mit den Gummienten?
3. Wo landen Dorothy und Toto?
4. Wie bekommt Dorothy ein Rennboot und elegante Kleider?
5. Womit (with what) fährt Dorothy mit Höchstgeschwindigkeit?

Geschichte 24 - 2

Target words and phrases
die ganze Nacht = all night
die ganze Nacht lang = all night long

Dorothy

(conversational past)

Es war Abend und ein Mädchen war in ihrer Badewanne. Sie hieβ Dorothy und hat in Kansas gewohnt. Dorothy hat einen Badeanzug getragen und hat mit ihren Gummienten gespielt, während sie in der **Badewanne** war. Sie war glücklich. Ihr Hund Toto war auch mit ihr in der

Badewanne. Er ist glücklich herum geschwommen und hat große Wellen gemacht. Die Wellen waren so groß, dass die Badewanne halb leer war.

Plötzlich ist ein großer Tornado gekommen. Der starke Wind hat das Haus, die Badewanne, Dorothy und Toto in **die Luft** gehoben. Die Gummienten und das Wasser sind aus der Badewanne geflogen. Dorothy und der Hund sind in der Badewanne geblieben. **Nur noch Dorothy und Toto** waren in der Badewanne.

Dorothy wollte keine Reise machen, aber die Badewanne ist die ganze Nacht geflogen. Endlich ist die Badewanne **in der Mitte eines großen Sees** gelandet. Als die Badewanne im Wasser gelandet ist, hat die Badewanne eine große Welle gemacht. Die Badewanne ist **fast** gesunken, weil sie fast voll Wasser war. Ein **Topf** ist vom **Himmel** gefallen und Dorothy **hat die Badewanne** mit dem Topf **ausgeleert.**

Plötzlich ist ein böser, fliegender Affe gekommen. Er ist

auf Dorothys Kopf geflogen und wollte sie schlagen. Toto ist auf den Affen gesprungen und hat ihn gebissen. Er hat ein großes Loch in das Bein des Affen gebissen. Der Affe **hat Zeter und Mordio geschrien** und ist weggeflogen.

Dann ist die böse Hexe des Westens gekommen. Sie ist auf ihrem Besen geflogen und hat böse gelacht. Der Hund hatte Angst vor der Hexe, aber Dorothy hat den Topf auf die Hexe geworfen. Sie hat die Hexe getroffen. Die Hexe ist ins Wasser gefallen und ist ertrunken. Dorothy hat den **Besen** und die roten Slipper der Hexe aus dem Wasser gefischt. Sie hat die Slipper angezogen und **hat** die Badewanne **mit dem Besen gerudert**.

Dorothy hat vergessen, dass sie nur einen Badeanzug anhatte und es **wurde** ihr kalt. Aber dann ist die gute Hexe des Nordens gekommen. Die gute Hexe hieß Glenda. Glenda **hat** Dorothys Schulter **berührt**. Plötzlich hatte Dorothy sehr elegante Kleider an. Dann hat sie die Badewanne **berührt**. Die Badewanne war plötzlich ein Rennboot.

Dorothy ist mit Höchstgeschwindigkeit zum Strand gefahren. Sie ist gegen einen Felsen (large rock) gefahren. Der Felsen hat ein großes Loch in die Seite des Rennbootes gemacht. Das Rennboot ist langsam gesunken. **Sie hat sich gewundert**: „Wie komme ich nach Hause? Ich werde ertrinken." Da hatte sie eine Idee. Sie hat ihre Schuhe zusammen geklickt und hat gesagt: „**Zu Hause ist der beste Ort**."

Plötzlich sind Dorothy und Toto zurück nach Kansas geflogen. Sie sind im Bett gelandet und sie waren glücklich.

English meaning of words in bold type

die Badewanne = the bathtub
die Luft = the air
Nur noch Dorothy und Toto = Only Dorothy and Toto

in der Mitte eines groβen Sees = in the middle of a big lake
der See = the lake note: die See = sea/ocean
fast = almost
der Topf = the pot
der Himmel = the sky (or heaven)
hat ...die Badewanne ausgeleert = emptied the bath tub
hat...ausgeleert = emptied ausleeren = to empty
hat Zeter und Mordio geschrien = screamed bloody murder
der Besen = the broom
hat...mit dem Besen gerudert = rowed...with the broom
rudern = to row
wurde = became werden = to become
hat...berührt = touched (gently) berühren = to touch
Sie hat sich gewundert = she wondered
Zu Hause ist der beste Ort = Home is the best place.
der Ort = place, location, municipality

Beantworte die folgenden Fragen.

1. Wie lange sind Dorothy und Toto geflogen?
2. Was ist mit den Gummienten passiert?
3. Wo sind Dorothy und Toto gelandet?
4. Wie hat Dorothy ein Rennboot und elegante Kleider bekommen?
5. Womit (with what) ist Dorothy mit Höchstgeschwindigkeit gefahren?

Geschichte 25

Target words and phrases

der Besitzer = the owner
haben…betreten = entered (plural) betreten = to enter
hat…bekommen = got, received bekommen = to get
die Zeitung = the newspaper

Das Spukhaus

Ein Junge hat seine Freundin gebeten, mit ihm zu einem **Spukhaus** zu fahren. Sie sind zum Spukhaus gefahren. Es war sehr dunkel, denn es gab keinen Mond. Das Spukhaus war sehr dunkel.

Der Besitzer des Spukhauses hat die Tür aufgemacht und hat sie ins Spukhaus eingeladen. Sie haben das Spukhaus betreten. Der Besitzer hat ein böses Lächeln gelächelt. Er hat gesagt: „Willkommen in meinem lieben Heim." Es war sehr dunkel im Spukhaus. Das Mädchen hatte Angst, aber sie hat das Haus **trotzdem** betreten, weil ihr Freund schon das Haus betreten hatte.

Der Besitzer des Hauses war **gruselig**. Er hat sich umgedreht und **hat gestöhnt**: „Kommt." Eine Zeitung war in seiner hinteren Hosentasche. Es war zu dunkel, um die Zeitung zu lesen. Sie haben ein Esszimmer betreten. Er hat ihnen eine Suppe angeboten.

Das Mädchen hat gedacht: „Dies ist ein sehr komisches Spukhaus. Warum essen wir?" Ein Kellner ist gekommen und sie haben Suppe bekommen. Der Kellner hatte dunkle Augen. Ihr Freund hat die Suppe **sofort** gegessen.

Der Besitzer des Spukhauses ist an dem Mädchen vorbeigegangen und die Zeitung ist aus seiner Tasche gefallen.

Das Mädchen hat die Zeitung aufgehoben. Sie hat die **Schlagzeile** gelesen: "Massenmörder entkommt (escapes)." Das Bild des Besitzers war unter der Schlagzeile. Neben dem Bild war das Bild eines blutigen Kopfes. Das Mädchen hatte Angst. Sie hat zu ihrem Freund geschaut, aber er war weg. Dann hat sie ein Auge in seiner Suppe gesehen. Das Auge **ist** in seiner Suppe **geschwommen.**

Sie hat geschrien und ist aufgesprungen und wollte weglaufen, aber jemand **hat** sie von hinten **gepackt** und hat einen schwarzen Sack über ihren Kopf gesteckt. Sie hatte **Todesangst** und hat Zeter und Mordio geschrien. Dann hat sie Lachen gehört und jemand hat den Sack von ihrem Kopf abgenommen. Es war jetzt hell im Spukhaus. Ihr Freund war auch da und hat gelacht. Alle seine Freunde waren da und

hatten Kostüme an. Endlich hat sie verstanden, dass alles ein gemeiner (mean / dirty) Trick war.

Sie war **wütend**. Sie hat sehr leise etwas gesagt. Ihr Freund ist zu ihr gegangen und hat gefragt: „Was hast du gesagt?“ Plötzlich hat sie ihn auf die Nase geschlagen. Er ist zu Boden gefallen und hat gewimmert (whimpered). Sie hat sich blitzschnell umgedreht und der „Besitzer“ hat auch eine Faust auf die Nase bekommen.

Das Mädchen ist weggefahren. Sie war immer noch wütend, aber sie hat gedacht: „Er wird **sich** lange an diese Nacht **erinnern**. Vielleicht erinnert er sich an diese Nacht länger als ich?“

English meaning of words in bold type

das Spukhaus = the haunted house
trotzdem = anyway, nevertheless
gruselig = creepy
hat…gestöhnt = moaned, groaned stöhnen = to moan
sofort = immediately, right away
die Schlagzeile = the headline
ist…geschwommen = floated (can also mean “swam.” Here it means floated)
hat…gepackt = grabbed packen = to grab
die Todesangst = scared to death, mortal fear
wütend = enraged, furious
sich…erinnern = remember

Beantworte die folgenden Fragen.

1. Was haben das Mädchen und der Junge zum Essen bekommen?
2. Haben sie etwas anders auch zum Essen bekommen?
3. Warum hat das Mädchen einen Schreck bekommen? (hat einen Schreck bekommen = was frightened/shocked)
4. Hat der Junge schließlich einen Schreck bekommen?

Geschichte 26

Target words and phrases

der Besitzer = the owner

der Schlüssel = the key

betritt = enters — betreten = to enter

bricht = breaks — brechen = to break

das Waschbecken = the bathroom sink

zerbricht = shatters, breaks, ruins — zerbrechen = to break

Das schreckliche Hotel

(The terrible hotel)

Eine Frau ist im Urlaub. Sie fährt zu einem Hotel. Sie geht in das Hotel und spricht mit dem Besitzer. Der Besitzer gibt ihr einen Schlüssel. Sie geht zum Zimmer und probiert den Schlüssel. Sie macht die Tür auf und betritt das Zimmer. Sie stellt ihren Koffer auf den Boden und betritt das Badezimmer. Aber ein Mann ist im Badezimmer. Er sitzt in der Badewanne und liest die Zeitung. Die Frau ist schockiert und rennt aus dem Badezimmer, aber sie stößt gegen das Waschbecken. Das Waschbecken zerbricht und fällt zu Boden. Die Frau rennt aus dem Zimmer. Dann merkt die Frau, dass ihr Koffer immer noch im Zimmer ist, also betritt sie sehr **leise** das Zimmer und nimmt ihren Koffer. Sie denkt: „Ich habe das falsche Zimmer betreten. Ich gehe zum richtigen Zimmer."

Das erste Zimmer war Nummer 710. Sie geht dann zu 810. Sie nimmt den Schlüssel aus ihrer Handtasche und will die Tür aufmachen. Der Schlüssel **passt** nicht. Sie stößt mit der Schulter gegen die

Tür und die Tür zerbricht (or geht kaputt). Die Tür und die Frau fallen zu Boden. Die Frau hebt die Tür auf, **lehnt** die Tür gegen den **Türpfosten** und betritt das Zimmer.

Sie stellt den Koffer auf den Boden und betritt das Badezimmer. Sie sieht eine Spinne an der Wand über dem Waschbecken. Sie wirft den Schlüssel auf die Spinne, aber sie trifft die Spinne nicht. Der Schlüssel landet in dem Waschbecken. Sie nimmt den Schlüssel und steckt ihn in ihre Handtasche. Weil die Frau Spinnen hasst, will sie die Spinne töten. Die Frau setzt sich auf das Waschbecken und will die Spinne **zerquetschen.** Aber das Waschbecken zerbricht und die Frau fällt zu Boden. Die Spinne landet auf ihrem Kopf und die Frau schreit Zeter und Mordio.

Sie rennt mit ihrer Handtasche und dem Koffer aus dem Zimmer. Als sie **die Treppen** hinunterrennt, fällt sie und bricht sich das rechte Bein. Der Krankenwagen (or Rettungswagen) kommt und die Sanitäter (EMS people) betreten das Hotel.

Als die Frau auf der **Bahre** aus dem Hotel getragen wird, sieht sie den Besitzer des Hotels. Sie wirft den Schlüssel auf ihn und sagt zu ihm: „Sie haben ein schlechtes Hotel. Ich betrete dieses Hotel nie mehr."

English meaning of words in bold type

leise = quietly
passt = fits — passen = to fit
lehnt = leans — lehnen = to lean
der Türpfosten = door jamb
zerquetschen = to squash
die Treppen = the stairs
die Bahre = the stretcher

Beantworte die folgenden Fragen.

1. Was findet die Frau im ersten Zimmer?
2. Was hat sie im ersten Zimmer vergessen (forgot)?
3. Wie zerbricht die Tür des zweiten Zimmers?
4. Wie zerbricht das Waschbecken?
5. Was bricht sich die Frau zuletzt?
6. Hast du einmal etwas zerbrochen? Was hast du zerbrochen?

Geschichte 27

Target words and phrases

zerbricht = breaks — zerbrechen = to break

hat…zerbrochen = broke — Someone shattered something (with an object).

ist…zerbrochen = broke — Something shattered (with no object).

geht kaputt = breaks — kaputt gehen = to break

hat…kaputt gemacht = broke

versucht = tries — versuchen = to try

hat…versucht = tried, attempted

hat…versucht zu reparieren = tried to repair

hat…repariert = repaired — reparieren = to repair

Er muss viel reparieren

Ein Mann hat **Pech**. Alles, was er anfasst, zerbricht. Es ist Morgen und er wacht auf. Er sitzt auf dem Bett, aber das Bett zerbricht. Alle vier Beine des Bettes zerbrechen. Er will das Bett reparieren. Er geht in den **Keller** und bringt **Klebeband**.

Er legt sich auf den Boden und versucht, das Bett zu reparieren. Leider kann er das Bett nicht reparieren.

Er betritt die Küche und setzt sich an den Tisch. Er will Frühstück essen. Er setzt sich auf den Stuhl und der Stuhl geht kaputt. Er versucht, den Stuhl mit **Klebeband** zu reparieren. Leider kann er den Stuhl nicht reparieren. Er macht Toast. Aber der Toaster geht kaputt. Der Toaster **verbrennt**. Er versucht nicht, den Toaster zu reparieren.

Er geht zum Auto und will zur Arbeit fahren. Er macht die Tür auf, aber die Tür fällt ab. Er will die Tür des Autos reparieren. Er versucht, die Tür mit Klebeband zu reparieren.

Changing tense – (conversational past/Perfekt)

Schließlich ist der Mann zur Arbeit gefahren. Während er zur Arbeit gefahren ist, hat er eine Fliege am Fenster neben sich gesehen. Er hat mit einem Hammer auf die Fliege geschlagen. Er hat das Fenster in 1000 Stücke zerbrochen*. Er hat nicht versucht, das Fenster zu reparieren.

Der Mann **hat sich entschieden**, in Urlaub zu gehen. Er ist zu einem Hotel gefahren. Er hat mit dem Besitzer gesprochen und der Besitzer hat ihm einen Schlüssel gegeben. Der Mann hat versucht, die Tür mit dem Schlüssel zu öffnen, aber er hat den Schlüssel zerbrochen. (or – aber er hat den Schlüssel kaputt gemacht.) Er hat nicht versucht, den Schlüssel zu reparieren. Glücklicherweise war die Tür nicht **verschlossen.** Er hat die Tür aufgemacht. Er hat sich in die Badewanne gelegt. Aber in der Badewanne gab es ein Loch. Er hat versucht, das Loch mit Klebeband zu reparieren. Glücklicherweise konnte er das Loch reparieren und er hat sich gebadet. Der Rest seines Urlaubs war wunderbar. Er hat nur die Hälfte der **Gegenstände**, die er angefasst hat, zerbrochen.

English meaning of words in bold type

das Pech = bad luck
der Keller = the cellar, basement
das Klebeband = duct tape, adhesive tape
verbrennt = burns up, incinerates — verbrennen = to burn up, to incinerate
hat sich entschieden = decided — sich entscheiden = to decide
verschlossen = locked — verschließen = to lock
die Gegenstände = objects

Beantworte die folgenden Fragen.

1. Wie hat der Mann versucht, das Bett zu reparieren?
2. Wie ist der Toaster kaputt gegangen?
3. Womit hat der Mann das Autofenster zerbrochen?
4. Warum hat der Mann auf das Autofenster geschlagen?
5. Hast du schon einmal Klebeband benutzt, um etwas zu reparieren?

* If someone broke an object (a window here) one writes „Er hat das Fenster in 1000 Stücke zerbrochen." If someone talks about the object that broke, one says „Das Fenster ist in 1000 Stücke zerbrochen."

Geschichte 28 - 1

Target words and phrases

Many of the target words and phrases in the previous stories are used in this last story.

Sie mag nur Männer mit Bart

(Present tense - same story follows in conversational past)

Ein Junge liebt eine Frau. Er ist nur fünfzehn Jahre alt. Sie ist Studentin an der Ohio State Universität. Die Frau ist 19 Jahre alt. Sie mag nur Männer mit Bart. Sie mag keine Jungen. Der Junge hat aber keinen Bart. Er geht die Straße entlang und schaut hinunter auf den Gehsteig (sidewalk). Er ist unglücklich. **Er hat keine Chance, mit der Frau zu gehen.**

Plötzlich sieht er einen goldenen Schlüssel. Auf dem Schlüssel steht eine Adresse. Er denkt: „Vielleicht geben sie mir eine Belohnung (a reward), wenn ich den Schlüssel zurückgebe." Er geht zur Adresse. Die Adresse ist eine **Fabrik**. Die Fabrik heiβt „ROGAIN." Der Junge geht zur Rezeption. Die Frau bei der Rezeption ruft den Chef (boss) an und erzählt ihm vom goldenen Schlüssel.

Der Chef kommt gelaufen und fragt den Jungen, wo er den Schlüssel gefunden hat. Der Junge sagt, dass er den Schlüssel um die Ecke gefunden hat. Der Chef gibt dem Jungen $1000 Bargeld (cash) und sagt zu ihm, er soll mit niemandem über den Schlüssel reden. Der Junge ist sehr glücklich. Er läuft aus der Fabrik und lacht vor Freude (joy). Er läuft um die Ecke und stöβt gegen eine junge Frau. Sie fällt auf ihren Hintern. Er hebt sie auf und sagt: „Entschuldigung."

Sie sagt: „Ich bin OK. Warum läufst du um die Ecke? Das ist gefährlich (dangerous)." Aber dann lacht er wieder. Sie schaut ihn komisch an und sagt: „Warum lachst du? Ich bin auf den Boden gefallen und du lachst?"

Der Junge sagt: „Entschuldigung, aber ich habe gerade $1000 Bargeld für einen kleinen goldenen Schlüssel bekommen."

Sie fragt: „Wer hat dir das Geld gegeben?"

„Der Chef von der ROGAIN **Fabrik** hat mir das Geld gegeben", sagt der Junge.

Die junge Frau sagt: „Ich bin Reporterin an der Boston Globe-Zeitung. Bitte sage mir alles, was der Chef dir gesagt hat."

Der Junge antwortet: „Ich mag deine Zeitung, aber ich habe dem Chef versprochen (promised), dass ich meinen Mund halte."

Dann sagt die Frau: „Ich arbeite für die Zeitung, aber ich arbeite wirklich (really) für das FBI. Du kannst mir helfen. Was hat dir der Chef alles gesagt?"

Der Junge sagt: „Der Chef hat mir nichts gesagt, aber die Frau bei der Rezeption hat mir gesagt, dass der Schlüssel für eine goldene Tür im Keller ist. Sie hat mir gesagt, dass sie dort neue Produkte erfinden (invent). Im Keller ist ein groβes Labor (laboratory)."

Die FBI-Frau sagt: „Es ist bald dunkel. Wir haben nicht viel Zeit. Wenn es dunkel wird, wechseln (change) sie die Wachen (the guards). Die Wachen sprechen für fünf Minuten. Wir können dann in den Keller kriechen."

Sobald es dunkel ist, kriechen sie in den Keller. Sie finden die goldene Tür. Die FBI-Frau hat einen High-Tech-Schlüssel. Sie macht die Tür auf. Sie betreten das Labor und schauen sich um. Niemand ist im Labor. Sie schauen sich um und finden Flaschen (bottles), auf denen „Streng geheim" (top secret) steht. Auf jeder Flasche steht auch „Achtung! Nur für

Haarwachstumsexperimente (only for hair growing experiments)." Die Frau sagt: „Genau das suche ich." Sie nimmt eine **Flasche** und sagt: „Wir werden es im FBI-Labor analysieren."

Während die Frau nicht zuschaut, nimmt der Junge auch eine **Flasche** und steckt sie in seine Tasche. Er denkt: „Jetzt kann ich mir einen Bart wachsen lassen."

Beide schleichen (sneak) aus der Fabrik. Die Frau fährt gleich zum FBI-Labor und der Junge geht nach Hause. Er ist in seinem Badezimmer und **schmiert** (smears) sein Gesicht mit der grünen Flüssigkeit (fluid) **ein**.

Am nächsten Tag geht er zur Uni (university) und trifft die Studentin. Er hat jetzt einen schwarzen Bart. Er spricht mit ihr und sie betreten ein Restaurant. Das Restaurant ist neben einem Wal-Mart.

Die Studentin mag den Jungen sehr, weil er so gut mit seinem Bart aussieht. Sie weiβ nicht, dass er nur fünfzehn Jahre alt ist. Aber dann gibt es ein Problem. Der Junge merkt, dass Haar an seinen Handflächen (palms) anfängt zu wachsen. Er sagt: „Entschuldigung. Ich muss meine Hände waschen." Er geht schnell weg.

Er rennt zum Wal-Mart und kauft einen Rasierapparat. Er geht in die Toilette und rasiert seine Handflächen. Der Besitzer des Wal-Markt kommt in die Toilette und sagt: „Sie sollen sich nicht in der Toilette rasieren." Der Junge geht dann zurück, betritt wieder das Restaurant und setzt sich.

Die Frau schaut ihn an und sagt: „Dein Bart ist sehr lang. Wie oft rasierst du dich?" Der Junge berührt (touches gently) seinen Bart und merkt, dass der Bart sehr lang ist.

Er sagt: „Entschuldigung“, und steht auf. Er geht wieder in die Toilette. Er schaut sich im Spiegel (mirror) an und denkt: „Ich sehe wie eine haarige Ratte aus.“ Er rasiert sein Gesicht. Er hat fast keinen Bart mehr. Dann versucht er wieder, seine Handflächen zu rasieren. Er versucht, alle Haare auf seinen Handflächen zu rasieren. Seine Hände sehen jetzt normal aus. Der Junge ist aber sauer und er schlägt auf das Waschbecken. Das Waschbecken zerbricht. Gerade dann kommt der Besitzer des Restaurants in die Toilette.

Er schreit den Jungen an: „Du wirst für die Reparatur des Waschbeckens bezahlen. Das kann man nicht mit Klebeband reparieren.“

Der Junge sagt: „Es tut mir Leid. Ich wollte das Waschbecken nicht zerbrechen.“ Er gibt dem Besitzer die $1000 Bargeld. Der Besitzer ist jetzt in guter Laune (good mood).

Der Junge geht wieder zu der Studentin und setzt sich. Er weint fast. Er **erklärt** der Frau alles. Er sagt ihr, dass er sie liebt, aber dass sie nur Männer mit Bart mag. Er **erklärt** ihr dann alles über den goldenen Schlüssel, das FBI und die Flasche. Sie hat Mitleid mit ihm (has sympathy for him) und versucht, ihn zu trösten (comfort). Sie umarmt ihn und küsst ihn. Sie sagt: „Du hast Recht. Ich mag Männer mit Bart. Aber ich mag dich auch. Ich habe jeden Mittwochabend frei. Willst du mit mir zu diesem Restaurant kommen? Ich kann bezahlen.“

Er lächelt und sagt: „Ja. Das wäre (would be) sehr schön."

Der Junge geht dann nach Hause. Er muss sich jeden Tag zweimal rasieren, aber endlich sind seine Handflächen und sein Gesicht wieder normal. Er versucht nicht mehr, sich schnell einen Bart wachsen zu lassen.

English meaning of words in bold type

Er hat keine Chance, mit der Frau zu gehen. = He has no chance to go out with the woman.
die Fabrik = the factory
die Flasche = the bottle
schmiert...ein = smears on (here), greases
einschmieren = to smear on (here) , to grease
erklärt = explains erklären = to explain

Geschichte 28 - 2

Target words and phrases

Many of the target words and phrases in the previous stories are used in this last story.

Sie mochte nur Männer mit Bart

(Conversationl past)

Ein Junge hat eine Frau geliebt. Er war nur fünfzehn Jahre alt. Sie war Studentin an der Ohio State Universität. Die Frau war 19 Jahre alt. Sie **mochte** nur Männer mit Bart. Sie mochte keine Jungen. Der Junge hatte aber keinen Bart. Er ist die Straße entlang gegangen und hat hinunter auf den Gehsteig (sidewalk) geschaut. Er war unglücklich. **Er hatte keine Chance, mit der Frau zu gehen.**

Plötzlich hat er einen goldenen Schlüssel gesehen. Auf dem Schlüssel ist eine Adresse gestanden. Er hat gedacht: „Vielleicht geben sie mir eine Belohnung (a reward), wenn ich den Schlüssel zurückgebe." Er ist zur Adresse gegangen. Die Adresse war eine **Fabrik**. Die Fabrik **hieß** „ROGAIN." Der Junge ist zur Rezeption gegangen. Die Frau bei der Rezeption hat den Chef (boss) angerufen und hat ihm vom goldenen Schlüssel erzählt.

Der Chef ist gelaufen gekommen und hat den Jungen gefragt, wo er den Schlüssel gefunden hat. Der Junge hat gesagt, dass er den Schlüssel um die Ecke gefunden hat. Der Chef hat dem Jungen $1000 Bargeld (cash) gegeben und hat zu ihm gesagt, er soll mit niemandem über den Schlüssel reden. Der Junge ist sehr glücklich gewesen. Er ist aus der Fabrik gelaufen und hat vor Freude (joy) gelacht. Er ist um die Ecke gelaufen und ist gegen eine junge Frau gestoßen. Sie ist auf ihren Hintern gefallen. Er **hat** sie **aufgehoben** und hat : „Entschuldigung“ gesagt.

Sie hat gesagt: „Ich bin OK. Warum läufst du um die Ecke? Das ist gefährlich (dangerous).“ Aber dann hat er wieder gelacht. Sie hat ihn komisch angeschaut und hat gesagt: „Warum lachst du? Ich bin auf den Boden gefallen und du lachst?“

Der Junge hat gesagt: „Entschuldigung, aber ich habe gerade $1000 Bargeld für einen kleinen goldenen Schlüssel bekommen.“

Sie hat gefragt: „Wer hat dir das Geld gegeben?“

„Der Chef von der ROGAIN **Fabrik** hat mir das Geld gegeben“, hat der Junge gesagt.

Die junge Frau hat gesagt: „Ich bin Reporterin an der Boston Globe-Zeitung. Bitte sage mir alles, was der Chef dir gesagt hat.“

Der Junge hat geantwortet: „Ich mag deine Zeitung, aber ich habe dem Chef versprochen (promised), dass ich meinen Mund halte.“

Dann hat die Frau gesagt: „Ich arbeite für die Zeitung, aber ich arbeite wirklich (really) für das FBI. Du kannst mir helfen. Was hat dir der Chef alles gesagt?“

Der Junge hat gesagt: „Der Chef hat mir nichts gesagt, aber die Frau bei der Rezeption hat mir gesagt, dass der Schlüssel für eine goldene Tür im Keller ist. Sie hat mir gesagt, dass sie dort neue Produkte erfinden (invent). Im Keller ist ein großes Labor (laboratory).“

Die FBI-Frau hat gesagt: „Es ist bald dunkel. Wir haben nicht viel Zeit. Wenn es dunkel wird, wechseln (change) sie die Wachen (the guards). Die Wachen sprechen für fünf Minuten. Wir können dann in den Keller kriechen.“

Sobald es dunkel war, sind sie in den Keller gekrochen. Sie haben die goldene Tür gefunden. Die FBI-Frau hatte einen High-Tech-Schlüssel. Sie hat die Tür aufgemacht. Sie haben das Labor betreten und haben sich umgeschaut. Niemand war im Labor. Sie haben sich umgeschaut und haben Flaschen (bottles) gefunden. Auf den Flaschen hat „Streng geheim" (top secret) gestanden. Auf jeder Flasche hat auch „Achtung! Nur für Haarwachstumsexperimente (for hair growing experiments)" gestanden. Die Frau hat gesagt: „Genau das suche ich." Sie hat eine **Flasche** genommen und hat gesagt: „Wir werden es im FBI-Labor analysieren."

Während die Frau nicht zugeschaut hat, hat der Junge auch eine **Flasche** genommen und hat sie in seine Tasche gesteckt. Er hat gedacht: „Jetzt kann ich mir einen Bart wachsen lassen."

Beide sind aus der Fabrik geschlichen (sneaked). Die Frau ist gleich zum FBI-Labor gefahren und der Junge ist nach Hause gegangen. Er war in seinem Badezimmer und **hat** sein Gesicht mit der grünen Flüssigkeit (fluid) **eingeschmiert** (smeared).

Am nächsten Tag ist er zur Uni (university) gegangen und hat die Studentin getroffen. Er hatte jetzt einen schwarzen Bart. Er hat mit ihr gesprochen und sie haben ein Restaurant betreten. Das Restaurant war neben einem Wal-Mart.

Die Studentin **mochte** den Jungen sehr, weil er so gut mit seinem Bart ausgesehen hat. Sie wusste nicht, dass er nur fünfzehn Jahre alt war. Aber dann gab es ein Problem. Der Junge hat gemerkt, dass Haar an seinen Handflächen (palms) angefangen hat zu wachsen. Er hat gesagt: „Entschuldigung. Ich muss meine Hände waschen." Er ist schnell weggegangen.

Er ist zum Wal-Mart gerannt und hat einen Rasierapparat gekauft. Er ist in die Toilette gegangen und hat seine Handflächen rasiert. Der Besitzer des Wal-Markt ist in die Toilette gekommen und hat gesagt: „Sie sollen sich nicht in der Toilette rasieren." Der Junge ist dann zurückgegangen, hat wieder das Restaurant betreten und hat sich gesetzt.

Die Frau hat ihn angeschaut und hat gesagt: „Dein Bart ist sehr lang. Wie oft rasierst du dich?" Der Junge hat seinen Bart berührt (touched gently) und gemerkt, dass der Bart sehr lang war.

Er hat „Entschuldigung" gesagt und ist aufgestanden. Er ist wieder in die Toilette gegangen. Er hat sich im Spiegel (mirror) angeschaut und hat gedacht: „Ich sehe wie eine haarige Ratte aus." Er hat sein Gesicht rasiert. Er hatte fast keinen Bart mehr. Dann hat er wieder versucht, seine Handflächen zu rasieren. Er hat versucht, alle Haare auf seinen Handflächen zu rasieren. Seine Hände haben jetzt normal ausgesehen. Der Junge war aber sauer und hat auf das Waschbecken geschlagen. Das Waschbecken ist zerbrochen. Gerade dann ist der Besitzer des Restaurants in die Toilette gekommen.

Er hat den Jungen angeschrien: „Du wirst für die Reparatur des Waschbeckens bezahlen. Das kann man nicht mit Klebeband reparieren."

Der Junge hat gesagt: „Es tut mir Leid. Ich wollte das Waschbecken nicht zerbrechen." Er hat dem Besitzer die $1000 Bargeld gegeben. Der Besitzer war jetzt in guter Laune (good mood).

Der Junge ist wieder zur Studentin gegangen und hat sich gesetzt. Er hat fast geweint. Er **hat** der Frau alles **erklärt**. Er hat ihr gesagt, dass er sie liebt, aber dass sie nur Männer mit Bart mag. Er **hat** ihr dann alles über den goldenen Schlüssel, das FBI und die Flasche **erklärt**. Sie hatte Mitleid mit ihm (had sympathy for him) und hat versucht, ihn zu trösten (comfort). Sie hat ihn umarmt und geküsst. Sie hat gesagt: „Du hast Recht. Ich mag Männer mit Bart. Aber ich mag dich auch. Ich habe jeden Mittwochabend frei. Willst du mit mir zu diesem Restaurant kommen? Ich kann bezahlen."

Er hat gelächelt und gesagt: „Ja. Das wäre (would be) sehr schön."

Der Junge ist dann nach Hause gegangen. Er musste sich jeden Tag zweimal rasieren, aber endlich waren seine Handflächen und sein Gesicht wieder normal. Er hat nicht mehr versucht, sich schnell einen Bart wachsen zu lassen.

English meaning of words in bold type

mochte = liked　　mögen = to like, to be fond of

Er hatte keine Chance, mit der Frau zu gehen. = He had no chance to go out with the woman.

die Fabrik = the factory

hieß = was called　　heißen = to be called

hat...aufgehoben = picked up　　aufheben = to pick up

die Flasche = the bottle

hat...eingeschmiert = smeared

schmiert...ein = smears on (here), greases

hat...erklärt = explained　　erklären = to explain

Acknowledgements

I am indebted to several people who helped make this book possible. I'd like to thank my wife for her patience and encouragement as I was chasing my dream of teaching German. Her encouragement to begin publishing the stories was key to making this book a reality. I also want to thank Sabine Rankin for her proof-reading and invaluable German language insight. Thanks to Claudia Lawson for proofreading the third edition.

Jim Kramer, Bill Roys, Matt Blackwell, and Patrick Smallwood gave me frequent information systems support and guidance. Thanks to Elizabeth Vest. She gave her artistic talent and special effort to attractively illustrate each story.

Lastly, I'd like to thank my students in high school who read and "test drove" all the short stories. Not to be forgotten are my current adult students who "test drove" the three supplemental stories in the third edition.

Made in the USA
Columbia, SC
28 August 2020

18375464R00071